新・大学序列

なぜ関関同立・産近甲龍の
学生数は急増したのか

川村稲造
元大学理事

734
中公新書ラクレ

はじめに

著者の持つ４つの視点について

１９５０年の生まれである著者は、高校卒業後の53年間のうち、学部生・大学院生、大学教員、法人役員などを経て、現在まで合計するとほぼ30年間、異なる４つの立場と視点から、大学の世界と直接的な接点を持ち続けてきました。

第一に「学生」の立場として。学部生、大学院生、そしてある時はモグリ（聴講だけ）の博士課程ゼミ参加者などとして、学ぶ者の立場だけでも約10年間大学にかかわってきました。

第二に「外部者」の立場として。銀行のリクルーターを経たのち、人事部上席部長代理まで務めるとともに、鉄鋼メーカーに転籍後は人事担当常務を兼任するなどし、大学やその卒業生たちに直接関わる民間企業人として、大学を客観的に見る機会に恵まれました。

第三に「教員・研究者」の立場として。中堅私立大学の学部および大学院では経営学の担当教授として、その内側から大学を見ることができました。またここでは、学部生の就活指導のための進路支援委員も数年務めています。企業にいた時とは逆に、地元企業への学生採用のお願い（いわば営業活動）にも走り回ったものです。

そして第四に「経営者」の立場として。大学法人の常勤理事になり、その経営管理（アドミニストレーション）全般を担当しました。また教員時代に重なる時期ですが、教学マネジメントの責任者として、社会人経営大学院（ビジネススクールＭＢＡコース）の研究科長(Dean)職を務めました。

振り返れば、まことに落ち着きのない人生でした。しかし、大学を上記4つの視点から観察し、参加し、経験できたということは、我ながらとても貴重な30年間だったと深く感謝しています。

いよいよ始まる大学の長期的構造不況

著者にとって本書執筆の第一の目的とは、平成の30年間での大学の動きを踏まえてここから先、つまり令和の大学業界（特に4年制私立大学）の展望について検討することにあります。

実は、大学の序列は昭和の半ばから平成の最後まで、実質的にほとんど変わりませんでした。その理由は明白です。大学の世界が一般の企業社会と異なり、奇跡的とも言える超長期好況業界であり続けてきたからです。つまり、実に過去60年間以上にわたり、学生数はほぼ着実に増え続け、大学・学部の数も、教職員の人数も、それをさらに上回る増加を続けてきたのです。

そのため大学業界には厳しい生き残り競争も、人員のリストラクチャリングもありませんでした。強固な業界秩序である大学序列に変化が起こる余地はどこにもなかったのです。

しかし大学業界にとって、令和の次の30年は一転して、誰も経験していない長期的な構造不況に陥ることになります。勢いを失った大学の淘汰と、多くの大学での教職員の人員削減が始まります。

より重要なことは、昭和の戦後から平成まで、全大学の大きな枠組みとしてほぼ入れ替えなく通用してきた「大学序列」が「学生が減り大学が余る」ことで急激な変化を起こし、今後「新・大学序列」に切り替わっていく可能性があるということです。

18歳人口予測において、その減少トレンドへの分岐点と想定されたのが２０１８年でした。いわゆる「２０１８年問題」です。

そしてその10年くらい前から、各地域の各大学は避けがたいこの経営環境の悪化に備えるべく、それぞれに対応策やプランを考え、動いてきました。

本書が一貫して追いかけ、比較検討する２０１０年代の大学業界全体や、各大学に関する公開情報・統計データなどは、まさにそれら平成の動きの総決算であり、令和に向けての出発点だということです。

関関同立とMARCHほか、各大学の実績データを比較する

今日のビジネス系の有力週刊誌、たとえば『週刊東洋経済』（東洋経済新報社）や『週刊ダイヤモンド』（ダイヤモンド社）、その臨時増刊号などで取り上げられるテーマの一つとして「大学序列特集」があります。また週刊誌以外でも、ＡＥＲＡムックの『大学ランキング２０２１』（朝日新聞出版）など、まさに〝序列（ランキング）〟を掲載したメディアが多く存在し、貴重な情報を提供しています。

しかしながら本書はそのような、いわゆる情報誌ではありません。ですので特ダネや裏情報もなければ、著名な大学トップへのインタビューも、話題の新学部に潜入しての現場取材も写真も、あるいは担当教員や評論家からの気の利いたコメントもありません。

ただしそうした情報はなくとも、本書にしかないものがあります。それが先に述べた著者独自の4つの視点です。その意味では、著者は外部から大学を浮かび上がらせる「ライター」ではなく、大学の内側そのものを表出することができる「当事者」そのものと言えます。

本書では、たとえば関関同立とMARCHとその各大学を、日本を代表するほぼ同レベルの序列グループ（くくり）として、東西間の実績比較やそれらの特徴分析で、たびたび取り上げます。それに加えて、これら上記の2グループ以外でも、東京圏では、早慶上理、日東駒専といった有名私大グループ、関西圏でも、関関同立を追う、産近甲龍、摂神追桃のグループ、そして名古屋圏では、南愛名中といった地元トップ私大グループなどの公開情報へも視角を広げ、さらにそれらの個々の大学に関する具体的事例もできるだけ取り上げていきます。

一つのサンプルとして、図表1をご覧ください。

2007年から19年の12年間で、関関同立は9・6%、産近甲龍は5・1%、8校合計で

‖図表1 関西8私大・MARCH 学生数増加状況（07－19年）

大学名	学生数（2019年5月）	07年比増加率（%）	大学名	学生数（2019年5月）	07年比増加率（%）
関西大	30,335	3.6	明治大	32,893	5.9
関西学院大	25,405	29.9	青山学院大	19,275	△3.3
同志社大	28,932	13.3	立教大	20,494	15.4
立命館大	35,855	0.7	中央大	26,205	△6.0
関関同立	**120,527**	**9.6**	法政大	30,734	3.2
京都産業大	13,796	5.0	**MARCH**	**129,601**	**2.5**
近畿大	34,407	9.1	全国私大合計	2,154,043	4.0
甲南大	9,092	△3.4	関西8私大除く合計	1,956,345	3.6
龍谷大	19,876	2.8			
産近甲龍	**77,171**	**5.1**	**関西8私大合計**	**197,698**	**7.8**

出所：『週刊東洋経済　本当に強い大学2007』『週刊東洋経済　臨時増刊　本当に強い大学2020』（いずれも東洋経済新報社）、文部科学省「学校基本調査2007年版」「文部科学統計要覧（令和２年版）」より著者作成

注：各大学学生数について2007年は「2007年５月現在」、2020年は「2019年５月現在」であり、その12年間の増減を07年の学生数で割って「07年比増加率」とした

７・８％の増加をしていることがおわかりになると思います。

これに対してＭＡＲＣＨは２・５％増、関西８校を除く全国私大合計では３・６％。関西８校の半分以下の増加率です。確かに関西勢は過去十数年で、かなり勢いをつけてきていると感じられるでしょう。

しかし、ここで誤解していただきたくないのは、それは決して東西比較や大学間競争における２０２１年現在の勝ち負けとか序列付けといった小さな話ではない、ということです。そして本書のタイトル、「新・大学序列」も、そういうスポット的な話ではありません。

そうではなく、まさに平成から令和へ、何十年かに一度の大転換期に遭遇する「当事者」として、過去のデータ分析から次の10年、20年先の序列がどのように大きく変わっていくのか、そこまでを読者の皆さんと一緒に考えていくこと。これが本書のただ一つの狙いとするところです。

本書の特長――考える根拠を一般公開された情報データに限定する

本書は意識的にその情報源を、高校生や高校・塾の進路教員、もしくは受験生の保護者や大学生、大学教職員や法人の役職員といった、一般読者の方々が個人で入手できる新聞や雑誌、もしくは誰でも簡単にアクセスできる各省庁や大学が発表するホームページの「公開情報」に限定するという方針を採っています。

その理由はきわめて明快。そもそも「大学序列」とは、文部科学省などの権威筋が上から押し付けるような類いのものではないからです。

一般公開情報や口コミを通じて広まり、感化された無数の読者・関係者が、それに沿って受験先・就職先などを比較し、選択した行動。それが膨大な人数と年月の積み重ねとなることで生まれるものが大学の序列で、日々、形成・強化・維持されると考えて間違いないでしょう。

世の中は決して、教育学者・社会学者の分厚い研究論文や中央教育審議会の答申だけで動いているわけではありません。さらに言えば、大学側の美辞麗句による方針説明より、大学ランキング誌などで、容易に比較できる順位や数字に先に目がいくのも、読者の関心からして当然のことと思います。

ですから本書は読者のみなさんに、考えておられる大学・学部がどこであれ、それぞれの強さ・弱さを読み取る「情報源と勘所」をご紹介し、今後どのような変化が生まれても、また状況が変わろうとも、その序列の先行きを見抜く力を身につけていただければ、と願っています。

なお本書でとりあげるランキング情報や個別大学事例は、いずれも大都市圏の大規模（学生数が1万人以上）有名私立（4年制）大学に限られています。学生数では40％を占めますが、校数では40校、全体のわずか7％に過ぎません。一方で、学生数1万人未満の中小規模の大学を合わせると、約540校、校数の93％を占め、学生数ではほぼ60％を占めています。

それは本書でもたびたび引用する大学ランキング誌、雑誌、週刊誌の大学特集などの情報は、紙面の都合上、どうしても大規模（せいぜい中規模の上）大学レベルまでしか掲載されないという限界があるからです。

しかし幸い今日では、自宅でインターネットを通じて、文部科学省、日本私立学校振興・共済事業団、日本学術振興会、さらに各大学のホームページや大学ポートレート（私学版）まで検索すれば、上記の雑誌、週刊誌の元ネタである全大学の個別情報や一覧リストが簡単に手に入るようになりました。

実際、皆さんが進学や就職を考えるいくつかの大学の名前が、仮にこの本にあがっていなくても、多くはパソコンと少々のコツさえあれば簡単に集められる情報ばかりですし、それらを収集して比較分析すれば、受験でも就職でも、ご自分の大学選びに役立てることは十分に可能だと思います。そして本書で詳しく述べますが、そうした巷に溢れる公開情報こそ、明日の「新・大学序列」を作っているのです。

本書は、2020年5月末に大学法人の常勤理事を退任後、コロナで自宅引きこもり生活を余儀なくされた8か月間をまるまる使い、書きあげています。任期満了の日をもって、大学の現場から離れたため、本書では残念ながら、入試改革やコロナ対応などの足元の話題にはほとんど触れることはできなかったことを、ここでお詫び申し上げておきます。

一方で、ただでさえ難しいこの時期、不透明極まりない大学業界の先行きをテーマとした新書ということで、中央公論新社、ならびに書籍編集局ノンフィクション編集部の吉岡宏さんにはひとかたならぬお世話になり、心から感謝しています。

目 次

新・大学序列

なぜ関関同立・産近甲龍の学生数は急増したのか

第一章

大学序列が崩れるとき

大学業界にこれから先、
何が起きるのか

なぜ「大学序列」は変わらざるを得ないのか

本書で詳しく述べていきますが、これまでの「大学序列」は、それこそ戦後から昭和、平成と60年以上、さほど変わらない姿で存在し続けてきました。しかし、それも２０２１年以降は大きく変わらざるをえません。その原因は明白で、「学生が減り、大学が余る時代」へ本格的に突入するからです。

その変化から受ける影響はあまりに大きく、私たちが長い間当然のように受けいれてきた大学の序列が崩れ始め、代わりに「新・大学序列」が浮かび上がってくることになります。ではその新しい大学序列の全容とはいったいどんなものなのか。

その姿を見通すには、過去から現在までの各大学や地域別の動き――中でも特に学生数の増減――をデータで捉えるのがもっともわかりやすいと思われます。なぜならば、「新・大学序列」へ向かう方向性や歩み方の各大学ごとの特徴が、すでにそこに如実に表れているからです。

そこで本章では、一般社会人の方々が簡単に入手できるような公開情報をもとに、その特徴的な動きを捉えたいと思います。そして、この実証的な姿勢と考え方こそが、次の章で話題の中心になる「外部者視点」です。

では最初に、大学業界のこれまでを振り返ってみましょう。それを踏まえることで2021年からどうなっていくのか、その姿を予想します。それに続いて大学の序列と業界の構造をデータで確認しつつ、大学教育の事業特性が、実は「規模の経済」に強く支配されていることをくわしく説明したいと思います。

ありえない「不況知らず」の大学業界

図表2は、1960年から2017年までの57年間の5年ごとの各年度に3本の棒グラフを示したもの。意味するところは次の3点で、いずれも本書全体を貫く非常に重要なポイントです。

①左の棒グラフが18歳人口。1966年の249万人をピークに、1992年に205万人

||| 図表 2　18歳人口、大学入学者数、在学生数推移

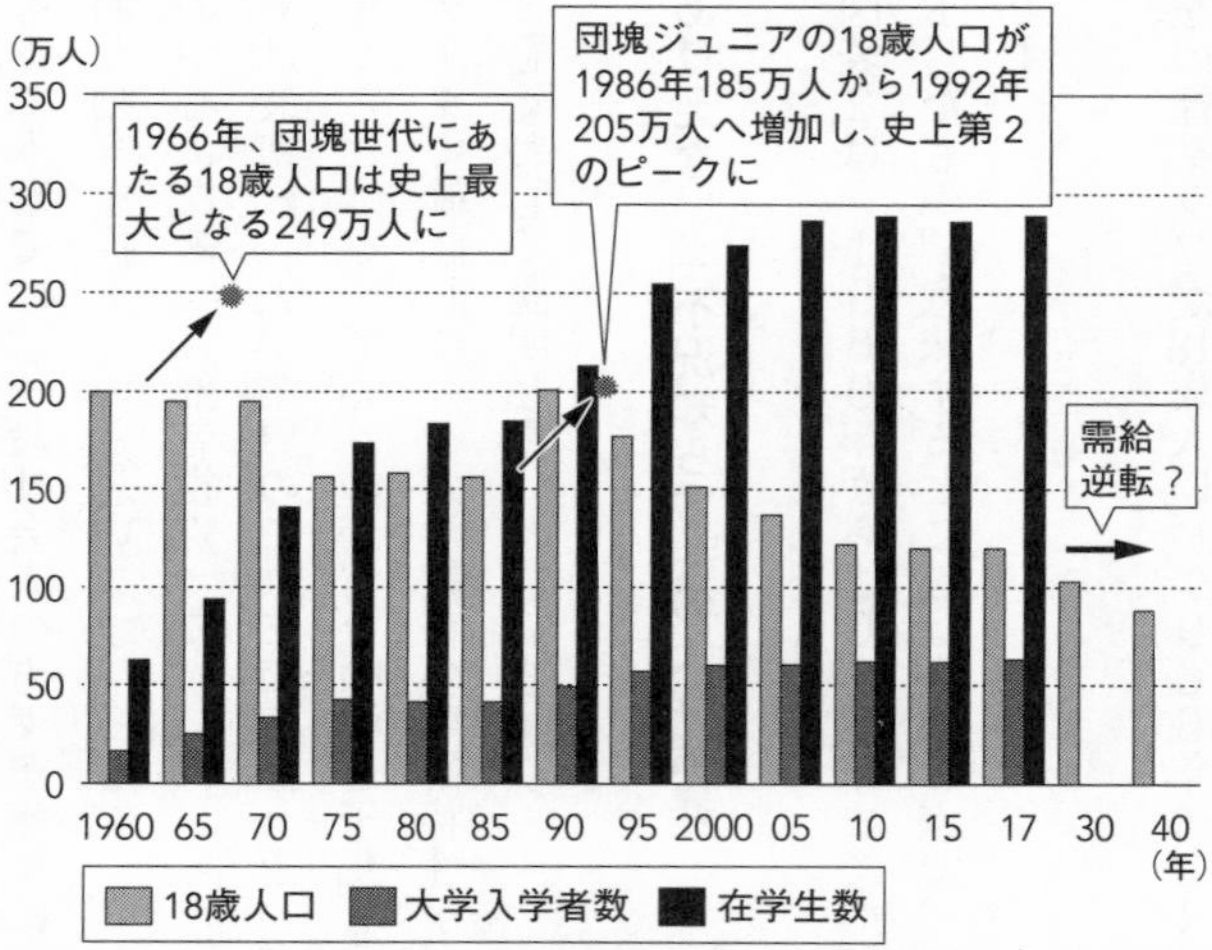

出所：18歳人口・大学入学者数は、文部科学省「学校基本統計」より、在学生数は、文部科学省「文部科学統計要覧（令和２年版）」より著者作成

という次の小さなピークを迎えるも、それ以降ほぼ一貫して低下し続け、2018年より急減していくと予想されている。

②真ん中の棒グラフが、各年度の大学入学者数。18歳人口の増減トレンドを無視するかのように入学者数は57年間、着実に増加を続けていることがわかる。この「大学に入りたい」という「需要」の拡大に対し、特に私立大学が学校数と入学定員の両面で、そのニーズに応えるための「供給」をどんどん増やしてきた。

③右の棒グラフが各年度に在学している大学生の人数。これがつまり、大学という業界の57年間の市場規模、その推移を表している。ご覧の通り、直近15年ほどはほぼ横ばいに近い状態ながら、しかし決して減少することなく57年間、毎年着実に増加を続けてきたことが分かる。

図表2に表されるように、新規顧客（大学入学者）が増え、事業規模全体（大学数・学生数・教職員数）が拡大していく業界の状況を「好況」と呼びます。

つまり、日本の大学業界は久しく少子高齢化だ、2018年問題だと言われながらも、少なくともデータにある1960年以来、ずっと「好況」を持続してきたということです。そしてこのように、業界全体が半世紀以上も好況を維持する「超長期好況状態」を一言で表せば、これはまさに〝奇跡〟としかたとえようがありません。

〝奇跡的幸運〟に恵まれてきた大学業界だが

ではなぜ大学業界のこの超長期好況が〝奇跡〟とまで呼べるのか。ここから少々の脱線をしながら、詳しく解説したいと思います。

著者は大学教授になる前の7年間ほど、上場中堅鉄鋼メーカーで常務を務めました（この経緯は自著『企業再生プロセスの研究』〔白桃書房〕で詳述）。実際には、世界的に起きた鉄鋼不況を生き抜くための〝大リストラ〟を主力銀行として支援するべく派遣されたわけですが、最初に教えられたのは「鉄鋼業は好況時の3、4年間は王侯貴族。不況時の6、7年は乞食暮らし」という言葉でした。

当時、業界最大手とされた新日本製鐵（現日本製鉄）の三村明夫社長も、業界新聞のインタビュー記事でこう語っています。

「社長になって5年目になるが、初めの3年間は『いつまでも好況が続くはずはない。5年に一度は不況が来る。来るべき不況に備えて財務構造を改善しよう』と思い続けてきた。今までの自分の会社体験を通じて、山があれば谷があり、谷の深さのほうが大きいと思い、真面目に借金を減らすことに全力を挙げた」

（『鉄鋼新聞』２００７年12月20日、「加速する成長戦略・新日鐵社長三村明夫氏に聞く」）

文部科学省統計要覧の長期推移、つまり図表2の元データをかなり後になってじっくり確認した時、正直に言って、著者は本当に驚きました。

ほぼすべての業種は不可避的に好況・不況という景気循環による経営環境（市況）の浮き沈みを受けることになります。しかし大学だけは、その浮き沈みをまったく知らない、影響を受けることのない、あまりに幸運な業界だったのです。そしてその状況をあらためて企業経営者や銀行員の視点で捉え直したなら、やはり〝奇跡〟としか呼びようがないのです。

大学事業は「規模の経済」に支配されている

平成不況の中、鉄鋼業は「鉄冷え」とも呼ばれるどん底の時代を迎えます。最初に国内の鉄鋼の需給バランスが大きく崩れると、まず弱小メーカーが淘汰されていきましたが、やがてそれではとても間に合わなくなりました。すると中規模の製鉄メーカーや大手高炉メーカーでも、生産性の低い小型で旧式の高炉を選び、順に停止（実質は完全に廃炉）していきます。それは、そうした調整をすることで、日本全体としての鋼材市場の供給量を絞り、需給バランスを抜本的に回復せざるを得なくなったからです。

なお製鉄高炉のビジネスというものは、365日、昼夜24時間フル操業の時、はじめてベストの生産性をあげられる典型的な装置産業です。これはつまり、「規模の経済」に支配された業界だと言えます。

すべての高炉が市場の需給にあわせて8割、7割と操業度を調整できればいいのですが、実際にそれをやれば、すべてのメーカーが同時に大赤字に陥ってしまう。そのため各メーカーは市場の需給バランスが回復する所まで、自社や傘下企業・グループ会社の工場から旧式で、生産性の低い高炉や電炉を選び、それを一気に止めるという、いわゆる「生産構造改革＝大リストラ」を断行せざるを得なくなるのです。

そして、考えてみれば大学教育事業も、鉄鋼業と大変よく似た事業特性で動いています。それは、保有しているキャンパス・校舎・教室設備から教員・職員の雇用といった教育用事業資産も、計画どおりの学生数でフルに充たされている時、はじめてベストの「収支」が達成できるようになっているからです。

「減産（規模縮小）が非常に難しい」という点は鉄鋼も大学も同じですから、その意味で「大学業界も規模の経済に支配されている」ということになるのです。

大学業界を待ち受ける4つの苦難とは

ではここまで規模の経済に支配されながらも、〝奇跡〟と呼べる立場におかれていた大学業界が、「学生数減少」という避けられない変化の中で、どのような影響を受けることになるのでしょうか？

自ら経営学部で教鞭をとっていた立場から説明すれば、以下のようになるでしょう。

授業では、市場が「成熟期（顧客がもう増えず減少していく時期）」に入った場合、いくつかの点でその業界に苦難が襲い掛かってくると教えます。アメリカの経営学者マイケル・ポーターはその主なものを、著書『新訂　競争の戦略』（土岐坤、中辻萬治、服部照夫訳、ダイヤモンド社）で9項目挙げていますが、ここでは特に重要とされる最初の4つについて、大学業界に当てはめて説明します。

第一に、上位大学は中位の、中位は下位大学の既存のシェアを攻撃して奪い始めます。

なぜならば、市場縮小・需給逆転のなかで、進学率上昇はもうこれ以上期待できないことから、そうしない限り、間違いなく設備能力の遊休化と人員（教職員）過剰が発生してしまうからです。

第二に、受験生（側）の「ブランド志向」が強化されます。

完全に買手市場（＝大学全入）ですから顧客、つまり受験生側はかなり落ち着いた状況にあります。のちほど図表3で説明しますが、大学のブランドは、規模と偏差値の組み合わせでできています。顧客（受験者）側に精神的な余裕が生まれる全入時代では、公開情報やオープンキャンパスでじっくり比較して、志願する学部・学科・志望順位を決めることができるようになります。それはつまり「ブランド志向」の強化にほかなりません。そしてそこでの膨大な比較と選択の積み上げ結果が、「新・大学序列」につながると予想されます。

第三として、コストとサービス面での競争激化が進みます。

じっくりと進学先を決めようとする受験生にアピールすべく、各大学は身の丈を超えてでも、上位校に追い付け追い越せと、最新鋭設備や多様な入試方式、選択科目まで、できる限りの環境を用意しようと動き、結果として競争が激化します。ただし、第四と前後しますがこの手の「上位校追随路線」は、市場の成熟期だともう選べないかもしれません。

そして第四として、過ぎた好況はもう追い続けられないという事実に向き合うことになります。ポーターがその著書にも書いている通り「過去の夢を追い続けてはならない」のです。

成熟期に入り、学生数の減少に直面した大学業界が、昭和・平成の60年間に慣れ親しんだ「超長期好況」を再び享受することは、残念ながらもうこの先、決してありえない。そう考えるとやはり、過ぎた好況時代の大学運営を続けることは許されないのです。

この先一部の大学は消滅せざるを得ない

1966年に249万人というピークをつけた18歳人口も、その後、1976年の154万人まで減少を続けて、いったん底を打ちます。そしてその後再び徐々に増加基調にもどりました。

1986年から1992年までの7年間、18歳人口は185万人から205万人にまで一気に急上昇を続けますが、これは「団塊世代」の子どもである「団塊ジュニア」が高校卒業年代に差し掛かった結果です。この7年間は『消えゆく「限界大学」――私立大学定員割れの構造』（小川洋著、白水社）によれば、私立大学経営にとって「儲かった良き時代」として、業界で「ゴールデンセブン」と呼ばれたとされます。

その7年目である1992年の205万人を中間ピークとして、その後は今日まで、そしてこの先も18歳人口は減少を続けていくことになります。

１９９2年の大学進学率と言えば、18歳人口２０５万人のうち、進学者が54万人ということで、まだ26・３％に留まっています。これは60年代には10人に1人だった進学率も、90年代には４人に１人が４年制大学へと進学する時代になったということです。

そして２０２０年代となった今日では、ついに２人に１人が進学し、うち学力試験なしで入学する人が約半分となり、とうの昔に本人がこだわらなければ、どこかの大学に必ず入学できるという「大学全入」の時代になりました。

つまり過去とは一転して、足元では長期的構造不況が起きていて、大学業界に本格的な「需給逆転」が迫って来ているということです。

これから先の5年、10年、もしくは20年経てば、大規模で超有名な難関大学以外、すべての序列ランクの層で、学生は必ず減っていきます。しかも、それはおそらく、ブランド各層のすべての大学の学生数が一様に1割減、２割減と減っていくのではありません。各地域の競合する同じブランドレベル（序列）でくくられる大学のうち、学生から選ばれない、募集力で劣る大学から順に淘汰されて消滅し、それで他大学がなんとか生き残る、という構図にならざるをえないでしょう。

それは、不況時に生産性の劣る旧式高炉を順に止めて、それで新型高炉の稼働率をなんとか維持し、需給の均衡を取り戻しながら業界全体として生き残っていくという、鉄鋼業界で起きた「業界再編」の構図と同じです。

もちろん入学者・在学生の定員割れに応じて学生定員も削減され、あわせて教員数もどんどん削減されていくことになります。

つまるところ市場縮小時、対外的には競合大学間の募集力競争という形で生き残り競争が熾烈化する一方、同時に学内的にも「ダウンサイジング＝人員リストラ」が起き、個々の教員・職員の雇用における生き残り競争が表面化してくる、ということです。

大相撲より明白な大学の番付表

同一序列ランクの競合大学間でシェアの奪い合いが今後起こるとして、そもそも大学序列は今現在どのような形で存在しているのでしょうか。

図表3は、東京圏・関西圏・中京圏それぞれ3大都市圏ごとに、受験界で広く愛用されている「ＭＡＲＣＨ」や「関関同立」などの序列グループ（「くくり」）のうち、「在籍学生数」

図表3　地域別大学の学生数規模と偏差値レベル

地域	大学グループ	平均在学生数（千人）	学生数のバラツキ（千人）	平均偏差値	偏差値（経済学部）のバラツキ
東京	早慶	34.9	29〜41	81.5	81〜82
	MARCH	24.3	18〜31	68.6	67〜71
	日東駒専 （日大除く）	33.2 （21.6）	15〜68 （15〜31）	60.0	59〜62
	大東亜帝国	16.4	7〜28	53.2	50〜59
関西	関関同立	28.2	24〜33	68.0	67〜70
	産近甲龍 （近大除く）	18.9 （14.0）	9〜34 （9〜20）	59.8	56〜62
	摂神追桃	8.3	6〜11	51.5	50〜53
中京	南愛名中	11.6	10〜15	61.3	57〜65
	名名中日	6.3	3〜11	46.7	45〜49

出所：『週刊ダイヤモンド　2017年9月16日号』（ダイヤモンド社）より著者作成

注：学生数は17年5月時点のもの。偏差値は『進研模試6月（経済学部17年度入試用）』より。国は国士舘大。名古屋学芸大は経済学部なし

の人数と「偏差値」について、単純平均値とそのバラツキ（最小〜最大）を著者が整理したものです。

学生数規模を見ると、さすがに東京圏は大規模大学が多く、日大を別格として除外しても「くくり」ごとの大学間に、学生数では多少の順位の入り繰りが見られます。しかしながらこれを、経済学部の偏差値の平均値とバラツキで見ると、上から下へほぼ重なりなく、縦の階層としての序列構造が存在することがはっきりと読み取れます。

一方、関西私大の「くくり」は、「関関同立」「産近甲龍」、そして中位以下として「摂神追桃」と続きます。トップの「関関同立」は2万5000人以上、次の「産近甲龍」は

近大の3万人超は別格として、ほぼ1万人以上。

そして中位以下の「摂神追桃」は、1校が1万1000人であるほかは、6000～7000人台に収まっているという特徴が見出せます。

これら関西私大の経済学部の偏差値で比較してみると、「関関同立」はバラツキが67～70、平均は68・0。「産近甲龍」は56～62のバラツキが存在し、平均が59・8。中位以下の「摂神追桃」は50～53のバラツキで、平均が51・5と、ここでもほぼ重なることなく、学生数規模と偏差値が上から下へと序列化されています。

中京圏の私大「南愛名中」「名名中日」でも、同じような序列関係が成り立っていますが、指摘しているうちに「これらのくくり自体が、偏差値の高低でき上がっているのだから当然だろう」という玄人筋からの指摘が聞こえてきそうです。

しかし著者がここで示したいこととは、学生数規模と偏差値に生じている見事すぎる相関関係についてなのです。

なお国立大学についても、最大規模となる東大が約2万8000人で、京大・阪大が約2万2000～2万3000人台。さらに、名大・神大が1万6000人台ということで、同様の相関関係が存在しそうですが、これは歴史や政策から予算まで絡むので当然かもしれません。

番付が上であるほど、体格が大きくて、成績もいいという状況については、大相撲の世界を想像してみればより理解しやすいのかもしれませんが、しかし大学業界の番付ではそれがより明白な形の〝序列〟として存在していることにあらためて気づかされます。

大学は上位30％が全学生数の75％を抱えている

２０１７年５月時点の私立大学５８０校分の各校学生数について、在籍学生人数規模１万人以上を大規模、３０００人以上１万人未満を中規模、３０００人未満を小規模と分類し、その学校数とそれぞれの在籍学生数の累計を概算したことがありました。

あくまで概算で、正確な統計データではない旨をあらためて記しておきますが、その分析からは、おおよそ以下のような特徴が読み取れました。

①大規模大学は40校存在。校数シェアは７％だが、全学生数の40％を占めている
②中規模大学は１２８校存在。校数シェアは22％だが、全学生数の35％を占めている

③小規模大学は学校数412校で校数シェア71％を占めるが、全学生数の24％に過ぎない
④つまり大規模と中規模を合わせた上位約30％の大学が、学生の75％を抱えている

まさしく、イタリアの経済学者ヴィルフレド・パレートの「80：20の法則」を思い出させるような業界構造になっているのです。なお「80：20の法則」は、経済において全体の数値の大部分は全体を構成するうちの、ごく一部の要素が生み出している、という理論で「ばらつきの法則」とも呼ばれています。

国公立大学は、政治、歴史や時々の予算配分により、政策として上から降りてくる存在ですが、私立大学はあくまで民間の事業として創建され、長い歴史の中、独自に成長してきた存在です。それではその業界が、なぜこうしたパレート的な分布構造を示すようになったのか。そこにこそ、大学序列の原理と構造を考える大きなヒントがあるように思われてなりません。

続く第二章ではより具体的に規模や地域、もしくは個々の大学についてその強さや展望、そしてその先に生まれる新しい大学序列について検討していきます。特に関西と東京の各上位私大の学生数増加率の違いに注目し、過去12年の学生数増減率％が二ケタにも上る「外部

者視点」で見て強い５大学、関西学院大学・立教大学・上智大学・同志社大学・神戸学院大学を取り上げて、その共通点を考えてみたいと思います。

第一章のまとめ

❶大学序列は「学生数規模」と「偏差値レベル」で層別された縦の階層構造である

❷奇跡とも呼べる好況に恵まれてきた大学業界だが、２０２１年から「学生が減り、大学が余る」構造不況となり、結果として新しい大学序列が生じ始めている

❸大学事業は「規模の経済」に支配されており、規模縮小にきわめて弱い

第二章

「外部者視点」で見た大学序列

なぜ関関同立・産近甲龍の学生数は急増したのか

中規模大学ほど「厳しい」時代の到来

朝日新聞と河合塾が共同で行った『ひらく　日本の大学』というアンケートの調査結果が２０１１年度以降、継続的に公表されています。インターネット上でも見ることができますが、その中に面白いデータが出ていました。それは５００校の私立大学法人に対して、「今後の入学定員をどのように考えているか」という中期経営計画の方向性を聞いたものです。図表４にまとめましたが、それによると「定員増加を考えている」と明確に答えた大学の比率は、入学定員３０００人以上の大規模校23校中３校で13％。２０００人未満の中小校でもほとんどが20％台前後でした。

一方、入学定員２０００人台の大学グループ（つまり全学年人数規模として、その4倍程度である８０００～1万２０００人の大学）だけが、22校中11校で50％と突出した高い比率を示していたのです。

つまりこれは、「入学定員数を増やす」ことに対し「中規模の上ないし大規模の小クラス」の大学だけが積極的な姿勢を示したという、きわめて特異な事実の表れです。このデータからは、中途半端な規模の大学には経営への切実な危機感がすでに存在している、ということが言えるのではないでしょうか。

図表4　入学定員数の増減を考えている大学の割合

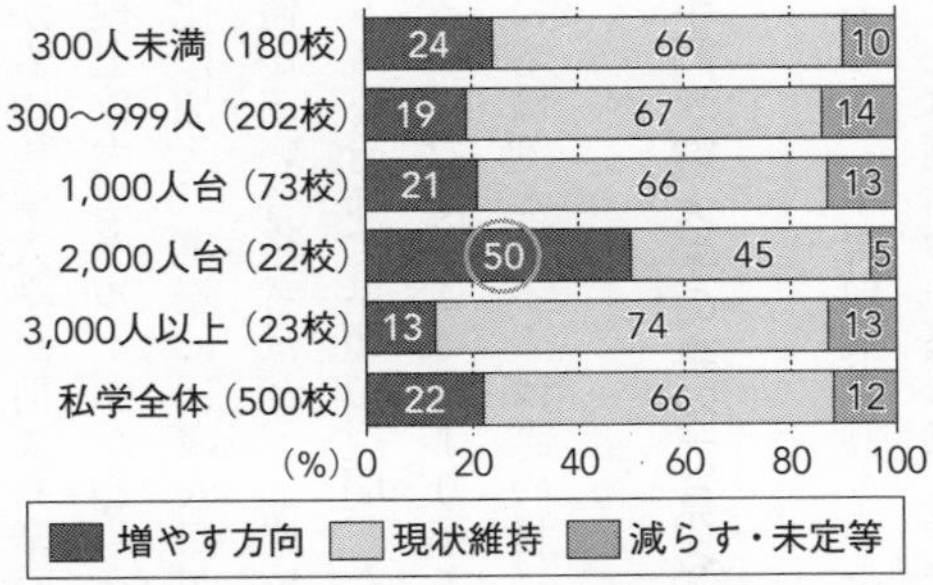

出所：『ひらく　日本の大学　2017年度』（朝日新聞、河合塾）より著者作成

確かに、この先5年10年、もしくは20年先、これら中規模大学にとって、かつて経験したことのないような苦しい時代が始まるでしょう。そしてその事実が、当事者にははっきり見えていると思われます。なぜならば、これらの中規模大学はすでに、それなりの規模の設備的、人的資産を保有しているからです。

それらを運営維持するための固定費負担は高い水準にあり、またきわめて硬直的です。何百人という教職員の雇用維持の観点から、縮小均衡や人員削減への方向転換（ダウンサイジング）も非常に難しいと思われます。

しかも中規模大学が何より辛いのは、自校が直接競合する頭上の敵が、その地域で最強の大規模上位大学グループだということです。この数年で進んできた入学定員超過倍率規制の厳格化に加え、実際に18歳人口が減少していく中、従来の自校の受験者・入学者層のうち、偏差値が高い合格者ほど、上位校へ吸い上げられていくわけです。

パレート分布の話題で説明した通り、大規模上位校ほど学生の人数規模の〝塊〟は圧倒的に大きい。だからこそ、より小さな中規模大学の志願者・合格者層への影響は、人数的にも質的にも深刻となるのは誰の目にも明らかでしょう。

追手門学院大学の事例で見る中規模大学の生き残り

もちろん、中規模大学側も手をこまねいて見ているだけではありません。

たとえば関西の中堅私立大学である追手門学院大学。ここは、2017年現在6学部3研究科・学生数6754人で、まさに中規模大学の典型です。

しかし15万5000平米のキャンパスでは手狭と判断したのか、2016年には近隣（現キャンパスから2キロ）に新キャンパス用として約6万4000平米の土地を購入。至近距離での2キャンパス体制を進めています。これは当然、次の時代への「規模的拡大」を見据えた長期戦略の布石であり、同校では実際に新学部開設・定員増加の拡大路線が動き始めているようです。

新型コロナの影響を受け、オンライン授業をする追手門学院大の松宮新吾・国際教養学部長。大阪府茨木市の茨木総持寺キャンパスにて。2020年５月13日撮影。読売新聞社提供

同校の川原俊明理事長は、２０１６年６月20日の『日本経済新聞』朝刊のインタビュー記事「生き残りへ規模拡大」の中で、はっきりとこの路線について述べています。

「いずれ私立大の半分くらいは淘汰される。これからは社会の要請に適合した大学だけが生き残る。だが、追手門学院大学が生き延びるのに、６５００人という今の規模は中途半端だ。さしあたり８千人から１万人程度の規模が欲しい。東京都内で言えば、成城大学や玉川大学、武蔵野大学くらいの規模だ」

また京都産業大学で長く学長を務められた後、追手門学院大学の学長に２０１２年に就任した坂井東洋男氏の講演記録、「追手門学院大学ガバナンス改革の軌跡」（『私学経営№４９８』、私学経営研究会）にはこう書かれています。

「（理事長は）川原俊明氏という大阪の弁護士で、10年あまり外部理事として追手門学院の経営に関わっていらっしゃいました。小学校から高等学校まで追手門学院の卒業生で、学院の卒業生で初めて理事長になられました。川原理事長は、このままでは追手門学院はつぶれてしまうというのが口癖です。確かに義憤と申しますか、何とか追手門学院を立て直さないといけないという切なる思いを強くお持ちの方です」

川原理事長の就任は２０１１年ですが、外部理事時代を含めると、２０００年代初めから追手門学院大学の状況を理事会などを通じて注視されていたようです。その間の総志願者数の流れを追えば、１９９０年に２万８１６４人という過去最高を記録したあと、一貫して減少を続け、２０００年代に入ると1万人を割り込みました。

理事長就任の翌2012年にはついに6400人となりますが、実に22年間、減少し続けてきたわけです。そしてここに至るまでの過程を当事者としてひたすら心配され、その想いが「大学が潰れる」という危機感としてトップの口から出てきているのです。

しかし追手門学院大学はその2012年を底に、川原理事長・坂井学長体制のもとで一転、志願者増加基調に転じます。

2015年に地域創造学部を新設しつつ、既存学部の定員増も進め、2020年4月からの既存学部での入学定員200人増が認可されました。それもあり、2023年度には、念願の8000人超の規模へと到達することがすでに確実視されています。

さらに総志願者数も、一般入試志願者数もあわせて8年間連続して増加させ、ついに2020年度入試の総志願者数は2万8990人に到達。18歳人口減少下にもかかわらず、30年前のピークを超えるという、驚くべき数字を残しています。

関東より関西私大のほうが学生数伸び率が高い

大学の〝規模〟によって、今後受ける影響が大きく変わるという事実はここまでに確認で

‖図表5　関東（東京）・関西有名私立大学・学生数増減

関西

大学名	2019年5月学生数（人）	07年比増加率（%）
関西大	30,335	3.6
関西学院大	25,405	29.9
同志社大	28,932	13.3
立命館大	35,855	0.7
関関同立	**120,527**	**9.6**
京都産業大	13,796	5.0
近畿大	34,407	9.1
甲南大	9,092	△3.4
龍谷大	19,876	2.8
産近甲龍	**77,171**	**5.1**
神戸学院大	**11,557**	**14.3**

関東（東京）

大学名	2019年5月学生数（人）	07年比増加率（%）
早稲田大	47,978	△11.3
慶應義塾大	33,442	3.9
上智大	13,857	15.4
東京理科大	19,325	△4.9
早慶上理	**114,602**	**△3.4**
明治大	32,893	5.9
青山学院大	19,275	△3.3
立教大	20,494	15.4
中央大	26,205	△6.0
法政大	30,734	3.2
MARCH	**129,601**	**2.5**

出所：2007年の学生数は『週刊東洋経済　本当に強い大学2007』より、2019年5月の学生数は『週刊東洋経済　臨時増刊　本当に強い大学2020』（いずれも東洋経済新報社）より。その12年増減を07年学生数で割って「増加率」とした

きました。それでは〝地域〟についてはどうなのでしょうか。そこで関西圏と東京圏を代表する9大学をそれぞれピックアップし、その学生数の増減を比較してみたいと思います。

図表5に整理しましたが、個別に見れば、関東（東京）の各大学に比べて、関西圏9大学の方が12年間での学生数伸び率が、かなり高いことが分かります。

二ケタの伸びを示している個所に楕円の印を付けました。関西が3校、関東が2校ですが、全体的に見ても、数字上では関西が勝っていると言えそうです。

さらに図表6はグループ別に沿って整理したものですが、こちらを見れば、関関同立は9・6%増、対して関東圏を代表するMARCH5校では2・5%増であり、伸び率も関西の4分の1強に留まっています。ちなみに5・1%増である産近甲龍を加えた関西上位8私大で見れば、7・8%の増となります。

全国私大合計では4・0%増ですが、関西8私大を除いた全国合計を出せば3・6%増となり、伸び率は、関関同立の3分の1強、関西8私大の半分以下ということになります。

学生数はどのように増やせるのか

図表5と図表6を見る限り、関西地域の私大のほうが、学生数を増やすことに成功していると思われます。なお「単純に学生数を増やす」のが目的であれば、もちろん「新学部開設」が有効でしょうが、それ以上に、そして実質的に規模拡大へ貢献するのは「定員増枠」にほかなりません。

たとえばいずれの図表にも掲載されている近畿大学。近年、学生数を増やし続けているイメージの強い同大学ですが、新学部開設は、この12年間、2016年に国際学部の新設（入学定員500人）があったのみ。

一方で同大学は、入学定員の人数枠を増やすことに成功しています。それもあり、たとえば2017年1月4日の5大紙朝刊に打った全面広告では「既存11学部の2016年入学定員7130人を、2017年度には920人増加して8050人にします」と学部別の年度ごとに「全入試合計定員数」の増加状況を個別に表にし、大々的に宣伝しています。これは近大の成長力を外部者にも実感させるための見事な広報戦略です。

図表6 私大グループ別学生数増減（07−19年）

グループ	グループ別学生数	07年比増減（%）
関関同立	120,527	9.6
産近甲龍	77,171	5.1
関西8校	197,698	7.8
全国私大合計	2,154,043	4.0
関西8校を除いた全国私大合計	1,956,345	3.6
早慶上理	114,602	△3.4
MARCH	129,601	2.5

出所：『週刊東洋経済　本当に強い大学2007』『週刊東洋経済　臨時増刊　本当に強い大学2020』（いずれも東洋経済新報社）、文部科学省「学校基本調査2007年版」「文部科学統計要覧（令和2年版）」より著者作成

学部新設による増加の影響は4年間続きます。一方、既存学部の定員増枠はそれこそ毎年、継続的に積み重なっていくという可能性があります。実現すれば、競合する地域の業界にとっては大変な脅威となります。

そして、学長執行部・各学部教授会側が、時代の流れと学生のニーズに敏感に対応すべく、

主体的に努力をし続けていれば、学部・学科・課程などの改編拡大の動きが、毎年のように起こってくるでしょう。だからこそ、これから生まれる新しい序列を考える場合、定員増枠の継続的積み上げの方が、実は学部新設以上に、より注目すべきポイントになると思われるのです。

「採算」より「将来の学生数確保」を優先した関西私大

なお著者が大阪の中堅私大の常勤理事に着任した２０１６年当時、関関同立の学生数の過去十数年を追えば、約1万人、率にして９％ほど増加していました。その一方で、東京の上位私大グループの合計は、ほぼ横ばいに近い状態に留まっていました。

著者はその時はじめて、関西上位私大の突出した積極姿勢に気が付きました。そしてそれがどうにも不思議に思えたため、銀行勤務時代からの習慣もあり、関関同立4大学の２００５年から２０１５年の収支状況10年間の変化を調べ、財務面からその意味を探ることにしました。その結果が図表7です。

まず収入ですが、学生数が増加していた分、22％増と大きく増加していました。しかしな

図表7 関関同立4法人財務変化

事業活動収支の10年変化

名目	2015年（億円）	05年比（億円）
事業活動収入	2,297	408 +22%
事業活動支出	2,156	605 +39%
事業活動収支	140	△197 △58%
学生数（千人）	〈16/5〉 120	〈07/5比〉 10 +9%

2大支出の増加状況

名目	2015年（億円）	05年比（億円）
人件費	1,161	322 +38%
教研費	861	260 +43%
2費目計	2,022	582 +40%

出所：『週刊東洋経済　本当に強い大学2007』『週刊東洋経済　臨時増刊　本当に強い大学2017』（いずれも東洋経済新報社）より著者作成

注：数値は法人全体の決算数値であり、大学単体以外を含む。数字・比率は全て4法人加重平均

がら支出については39%増と、より大きな比率で増えていることも分かりました。

なおデータ出所として使用した『週刊東洋経済臨時増刊』（東洋経済新報社）の「本当に強い大学」特集には、大学別法人決算の主要勘定費目の計数まで掲載されているので、その支出の中身まで分析することができます。

大学事業の主要コストは、教職員の人件費と教育研究経費が代表的で、この2費目で全収入の約80%を占めます。さらに注目すべきはこの10年間伸び率が、人件費比率38%増に対し、教育研究経費は43%増と、教職員への配分よりも学生向けの教育研究経費の方が5%も高い伸び率を示していたという点です。

大学関係者はもちろん、当時の世間は「少子化

だ」「２０１８年問題だ」と騒いでいました。その２０１８年を目前に、これら関西の上位有力私大がそろって、学納金の増加をはるかに上回る教育研究経費を投入し、目先の採算を犠牲にしてまで、学生数の増加とその確保に走っていた。これはいったいどういうことか。学内でも議論をし、あらためて気づかされたのが「関西圏特有の危機感」でした。

関西私大で先に危機感が高まったのはなぜか

全国大学の入学定員の合計が、すべての大学進学希望者の合計を超えれば、計算上では誰でもどこかの大学に入学できる。この状態を「大学全入」と呼びます。

18歳人口と進学希望者の減少トレンドから、当初は２００７年がそのスタートと予測されたそうですが、実際に数字上「大学全入」になったのは２００９年度だったと考えられています。著者が大学に勤務する前のことですが、関西の大学業界では、２０００年代前半からその対策がかなり真剣に議論されていました。

その理由はそれまでの時点であらゆる業界で〝東京一極集中〟がかなり進行していたからです。そして２０００年代に入ると、実際にその偏りが関西圏の大学へ影響を及ぼし始めていました。そのため当時から、大学経営コンサルタントによる大学経営診断などにおいて「首都圏への流出人数予測」といった話題が、学内のセミナーや勉強会など色々な機会で報告されていたようです。

さらにそうした全国的な将来予想に加えて、具体的にはもう一つ、近年における近畿大学のめざましい勢いが、産近甲龍と呼ばれる同グループのほかの3大学はもちろん、上位の関関同立、すぐ下の摂神追桃、さらにはそれに続く中下位大学にまで、大きな影響を及ぼしたように思われます。

ただでさえ関西圏では、パイが縮小していくという心配があるのに、学生数が3万4000人を超える大規模の近畿大学が、学生数と偏差値ランク（＝募集力）をじわじわ伸ばしていた。その影響は大きく、上位競合7私大はもちろん、近大に合格者を吸い上げられていく中下位大学もさらに身構えます。そしてその結果として、関西圏全域の学生争奪戦が全国より一足先に熾烈化していたのではないでしょうか。

では近大は近大で、なぜ他校よりもいち早くこの時期に、これほど派手で大きな動きを始めたのでしょうか。『近大革命』（世耕石弘著、産経新聞出版）によれば、著者の世耕氏（現・経営戦略本部長）が近大に着任した2007年、父である理事長から「志願者を減らしたらクビだ」と宣告されたそうです。

「というのも、ピーク時の1993年度には12万人を超えていた総志願者数が06年度には7万人強にまで落ち込んでいたのです。日本一どころか、関西で3位です。しかも関西大学と立命館大学に大きく差をつけられた状態でした。父（世耕弘昭理事長）は『学生をうまく集めなければ、この先はない』と、大学がつぶれるくらいの危機感を抱いていたようです」

（『近大革命』）

その宣告が契機となったのか、実際、近大は２０１１年に「近大空港マグロ」、２０１３年には「エコ出願」、２０１４年の「ド派手入学式」、２０１７年の「早慶近」など、話題となる広報を矢継ぎ早に仕掛けて、全国的にも知名度と存在感を高めていきました。

その間、２０１３年度入試で9万８０００人の受験生を集めて関西でトップに、全国3位まで浮上します。さらには、２０１４年度には10万５０００人の受験生を集め、ついに総志願者日本一を達成。その勢いは今日まで続いているのです。

ただし、こうした事例は、追手門学院大学や近畿大学だけに特有のものではありません。

図表5にも示しましたが、関西のいくつかの大学の志願者数の長期推移を確認すると、ここ数年、特に中位校の志願者数が顕著に増加していることが分かります。もちろん先の2校ほどの見事な上昇ではないにせよ、定員超過倍率規制の厳格化や2010年代前半の時点で高まった危機感から、似たような上昇トレンドを辿ってはいたようです。

整理すれば、来るべき「2018年問題」による経営環境悪化に加えて、将来の関西圏の地盤と学生人口減への不安が重なり、関西では「大学が潰れる」という切迫した危機感がいち早く業界全体を覆っていた。それが競合大学同士の生き残り競争を熾烈化するという地域特有の流れに結びついていったように思われます。

結果、全国的にはこれから現実化してくるはずの大学業界の構造不況への対応が、関西圏では十数年ほど早く、東京や名古屋にも先んじて本格的に始まっていた、と著者は理解しています。

「外部者視点」で注目の5大学——関西学院、立教、上智、同志社、神戸学院

以下「外部者視点」で注目すべき大学をピックアップしたいと思います。選んだ基準は、

図表5に整理した12年間において、学生数が二ケタの増加率を示した5大学です。

関西学院大学は、2007年5月の学生数1万9559人から、2019年5月現在で11学部2万5405人と、29・9％（5846人）も拡大しています。

この大学は2009年に教育学部を、2010年に国際学部を、同じミッション系法人との合併によって2年連続で開設。その新学部4学年がまるまる純増になっています。

大学ホームページ内「関西学院事典」には、2003年2月「21世紀初頭の関西学院基本構想」で「幹の太い総合学園」が提唱され、以降、大学における教育学部、国際学部の開設だけでなく、幼小中高短などの併設学校をすべてカバーする学校事業構想を積極的に推進したと記されています。

関西学院大学単体として、新設2学部だけで、これだけの学生数の増加は果たせません。むしろそれ以上に法人全体の「幹の太い」基本構想があってこそ、大学院研究科や学科レベルでの新設や定員増加が戦略的に進められたということが推測されます。

続く立教大学は2019年5月現在11学部、学生数2万4994人の大規模大学で、12年間で2738人、率にして15・4%も学生数を増加させています。

立教大学は、2008年に異文化コミュニケーション学部を開設していますが、最近は上位私大の入試の難化に伴い偏差値も上がってきています。『週刊東洋経済　2020年5月30日号』（東洋経済新報社）の記事によると「MARCHの最難関学部でいうとかつては中央・法学部の71だったが、19年は立教・異文化コミュニケーションの75だ。また19年の上位10学部のうち、約半数がこの15年ほどの間にできた学部だ」とのこと。

さらに『週刊東洋経済　2019年12月21日号』（東洋経済新報社）では「（06年設立の：著者注）経営学部が新しい看板に発展『リーダーシップ開発』授業がすごい！」という見出しで、すでに偏差値が74に難化している経営学部「GLP（グローバル・リーダーシップ・プログラム）」を〝白熱教室〟だと持ち上げています。

注目すべきは、こういった特集記事が著名な週刊誌に掲載され、世間一般の人々が広く「大学序列に関する公開情報」として目にし、話題にしているという事実です。立教大学はまさにそうした情報の拡散を通じて近年、プレゼンスを高めている一校だと言えるでしょう。

続いて上智大学は、2019年5月現在9学部1万3857人の大学で、07年比15・4%

と、立教大学と同率の大幅増加を遂げています。

この大学も２０１１年に同じミッション系の聖母学園との法人合併により看護学科を新設しています。ただし人数的には、２０１４年の総合グローバル学部の新設などが貢献しているようです。同校のホームページによると「（学校法人上智学院は：著者注）２０１４年から２０２３年にかけての将来構想『グランド・レイアウト２・０』を策定し、激動する世界を見据えて様々な改革に取組んでいます」としています。さらに２０１６年には、同系列の４つの学校法人と統合するというかなり大きな動きをしています。関西学院と同様、より大きな事業体で積極的な学校教育戦略をデザインしようとする姿勢が垣間見えてきます。

同志社大学は２０１９年５月現在14学部、２万８９３２人の大学で、07年比で13・３％学生数が増加しています。従来から関西上位４私大の中でも偏差値が高く、京阪神国立３大学の併願者が多いため、『週刊ダイヤモンド　２０１６年９月24日号』によれば「日本一のすべり止め大学と公言してはばからない」そうです。

さらに同誌には「ここ10年ほど関西大７学部、関西学院大３学部、同志社大で８学部、立命館大で５学部、合計して23もの学部が新設されている」と書かれているように、同志社大学は関西上位4私大の中でも最も積極的に新学部を開設。2011年にグローバル・コミュニケーション学部、2013年にグローバル地域文化学部を開設しています。

最後にご紹介する神戸学院大学は、大学序列では「産近甲龍」の下、「摂神追桃」の中位大学にくくられている大学で、2019年5月現在、10学部1万1557人で、07年比14・3%の増加率を示しています。

神戸学院大学については、学校経営方針で基本的な積極姿勢を貫くことの重要性にあらためて注目してほしいと思います。

同大学のホームページによれば、そもそもこの大学は、創立者の実母で、現在も「校祖」と呼ばれる森わさが、1912年に生徒8人で開校した「森裁縫女学校」がもとになっているそうです。森裁縫女学校はその後成長を続け、高等女学校へ昇格します。そして森わさの長男、森茂樹は京都帝国大学教授から山口県立医科大学に転じて学長を務めた後、1966年には神戸学院大学を学生数わずか121人、栄養学部だけの単科大学としてスタートさせます。創立者である森茂樹学長は、そのときすでに73歳というかなりの高齢でした。

そこから、2007年には発祥の有瀬キャンパスに加え、神戸ポートアイランドキャンパスを開設。その後２０１４年に現代社会学部、２０１５年にはグローバル・コミュニケーション学部、さらに２０１８年には心理学部と新学部を開設しました。そして２０１９年5月現在、10学部8研究科、学生数１万１５５７人を誇る神戸市最大の大規模総合私立大学の地位に上り詰めました。

大学のホームページ「未来50年」欄には、創立者である森一族の姿勢が次のようにはっきり示されています。

「森茂樹は『いつの世にも、後世に残る大学』を運営上のモットーとし、『時代がどのように変わろうとも、常にその時点で存在価値のある大学の意、そのために常に未来志向であれ』と説いております」

たった五十数年での新学部展開と学生数規模の急拡大は、まことにめざましいものがありますが、時代に適合し続けようという先進的な姿勢がその成長を支えたと言えそうです。

5つの大学の共通点と学ぶべきポイント

ここであらためて整理すれば、あくまで外部者がこの先の10年、20年の大学の力を測り知ろうとするのであれば、やはりまずは過去十数年間の学生数増減データに注目すべきと著者は考えます。その実績を前提に、では今後も「学生数増加」を果たすような大学はどこか、ということを考えれば、著者がかつて理事を務めた大学の入試課長から聞いた話が頭に浮かんできます。

彼ら曰く「入試課長が勧誘訪問する高校の進路担当教員は、高校への学校説明会の際に、大きな改革や新キャンパス、もしくは新学部や新学科コースの開設といった『前向き』な話題を用意しておかないと、興味を持って話を聞いてくれない。高校生たちも、自分の進路に関係があるかどうかは別とし、何か『新しい』話題、『ワクワク感』を覚える大学でなければ魅力を感じてくれない」と言うのです。

ここで挙げた5つの大学は、いずれも学生数の大幅増加を果たしています。加えて合併統合などの将来構想、積極方針、国際化や新学部開設、超人気の看板学部の登場など、まさに入試課長が気づいた「前向き」「新しさ」「ワクワク感」といった条件を兼ね備えていることがあらためて分かります。

第二章のまとめ

❶関西は地盤沈下への懸念に大学業界の「２０１８年問題」への危機感が重なり、地域内の大学間競争が全国に十数年先駆けて熾烈化した結果、多くの上位・中位大学が学生数拡大に成功した

❷積極的な事業戦略やワクワク感、話題性を持っていることが、成長する大学の共通点である

【コラム1】大学教育論の視点

マーチン・トロウの「ユニバーサル段階説」

現代の大学教育を論じる際、必ずといっていいほど引用される文献として、米国の社会学者で教育学者でもあるマーチン・トロウが記した『高学歴社会の大学ーエリートからマスへー』（天野郁夫、喜多村和之訳、東京大学出版会）があります。

トロウの所説が活用されるのは、先進諸国における高等教育制度の進化の方向を、同年齢中の進学率（大学在学率）で区切って説明するという、その分かりやすさに由来するものと思われます。

すなわちトロウは、15％に達するまでが「エリート教育段階」、15％から50％までが「マス教育段階」、そして50％超になると「ユニバーサル教育段階」と呼びました。

原著は70年代初頭に記され、高学歴化が日本などより先行した米国の事例を柱としているため、この本で日本やカナダはまだ「マス教育段階」にあるとされています。その日本においても、2005年から大学進学率が50%を超えてきたため、文部科学省や中教審などでもやたらと「ユニバーサル化」「グローバル化」という言葉が使われるようになりました。

トロウは「エリート高等教育の基本的特性」として次の3点をあげています。

第一に社会化の機能、つまりエリートとしての知性と感性、態度と人格を形成すること。第二に教師と学生との緊密で長期にわたる関係。第三に社会のエリートとしての自信と野心を育て、この目的のために必要な知的資源と社会的支持を与えるための装置として機能すること。

第二の「マス教育」段階では教師と学生の関係がその場限り、つまり非個人的な関係になるとされます。またそこでは知識や技術の伝達が中心となり、学生は社会において、普通一般の役割を果たすように訓練されるようになる、とのこと。

さらに第三の「高等教育の大衆化」が進行した「ユニバーサル段階」に至ると、大学進学は国民の権利であるより、むしろ義務として理解されます。かつ同時に社会の指導層の育成より、高度産業社会に適応しうる国民の育成に重点が置かれるようになります。

第一章に記しましたが、日本の私立大学について言えば、18歳人口の減少が起きているにもかかわらず、大規模上位大学の新学部開設や入学定員の増加があったため、偏差値の高い受験生からどんどん上に吸い上げられていく、という現象が近年起こっていました。結果、これまでならまず大学に入学できなかったレベルの入学者が、下位校では大多数を占める、という事態に至ったことは紛れもない事実でしょう。そしてそうした現象も、トロウのいう「高等教育の大衆化」の一つだと言えそうです。

オルテガの教育論から――「大衆化」と「教授における経済の原理」

一方「大学の大衆化」は、日本の私立大学における事業システムがトロウの所説通り、かつて定義されていたコンセプトから段階を追って大きく変化したことを意味します。

ここでいう「大衆」とは何か。スペインの哲学者、ホセ・オルテガ・イ・ガセットは、その著『大衆の反逆』（桑名一博訳、白水社）で次のように定義しています。

「大衆とは善きにつけ悪しきにつけ、特別な理由から自分に価値を見いだすことなく、自分を『すべての人』と同じだと感じ、しかもそのことに苦痛を感じないで、自分が他人と同じであることに喜びを感じるすべての人々のことである」

オルテガは別に『大学の使命』（井上正訳、桂書房）で、次のような厳しい大学教育論を展開しています。

「高等教育の編成、大学の構成においては学生を起点としなければならないということ、知識財や教師から出発してはならないということを含意するものである。制度としての大学は、学生の投影でなければならない。そこに二つの本質的な側面が含まれている——第一、学生が本来そうであるところのもの、すなわち習得能力の限界性。第二、生きてゆくために、学生の知らねばならないこと」

同書では、その基本原理の上でさらに具体的方法について次のように主張します。

「われわれは、教授学、教授法及び教授制度の更新を緊急事としなければならない。そしてそれは、次のような、つつましい、単純な原理から出発すべきである——すなわち、子供や青年は生徒であり、学習者であるという原理。この原理は、教えねばならない全部を、彼らは習得することができない、ということを意味するものである。教授における経済の原理」「では、大学のトルソー、ないし最低必要量 minimum をなすべき教材の全体をどういう仕方で決めるのか。それは、現在する莫大な知識群を、次の二重の選出にかけることによってなされる――

(1) 今日学生である人間の生に対し、無条件に必要であるとみなされるもののみを残す。現実の生、及びそれに欠き得ない必須のもの、これが、第一の刈り込みを入れる際の視点である。

(2) 次に、どうしても必要であると判定されて残ったものを、さらに、学生が快適に、かつ完全に学習し得るものにまで整理しなければならない。

あれこれが必要だというだけでは十分ではない。必要ではあるが、思わず、学生の能力を越えて要求する場合があり得るからである。そんな時、その知識の不可欠性を飽くまで主張するがごときはユートピア的であろう。真に習得され得るものだけが教えられるべきである。この点で、われわれは、仮借なく、断乎たる手続きをとってよい」

仮借のないオルテガの所論は、理想論や建前論が好きな先生方に不評かもしれませんが、著者からすれば、やはり現在の大学教育従事者は「教育課程編成・実施の方針（カリキュラムポリシー）」から「卒業認定・学位授与の方針（ディプロマポリシー）」まで、具体的かつ現実的に見直すよう、時代から求められているように思われてならないのです。

第三章

「学生視点」で見た大学序列

強いのは総志願者数の近畿・立命館か、
実人数の法政・明治か

ますます重要とされる「募集力」

あらかじめ用意した設備と人員をそこに来場するお客さんのために提供し、利益を得る装置産業型・集客設備型ビジネスの代表格として、遊園地とテーマパークがあります。そこでの事業の存続はいわずもがな「どれだけ多くのお客さんを集められるか」という集客力にかかってきます。そういったビジネスのあり方から見れば、大学もテーマパークとかなり似たような事業特性を持っていると言えそうです。

各大学が入試でどれだけの受験者（志願者）を集めることができるか、大学業界関係者はその力を「募集力」と呼んでいます。そして大学教育事業における、その力の重要性はますます高まっています。

「募集力」は高校生・保護者・高校や塾の先生らが、各大学の何を、どういう見方で評価し、選んでいるかという点で決まります。この章ではそれらの要素を「学生側の視点」から検証していきたいと思います。

「総（延べ）志願者数」と「実志願者数」の違いとは

「募集力」について考えるのであれば、「総（延べ）志願者数」と「実志願者数」の違いを理解しておく必要があります。

なお一般的なメディアが大学の「募集力」として扱う数字は、おおむね「総志願者数」を指すことが多いようです。「関西の近畿大学は２０２０年度14・5万人と、東京勢を押さえて7年連続で日本一になった」といった記事があったとして、ここでの志願者の数字などはその典型です。

一方で図表8は『週刊朝日　２０２０年5月8・15日合併号』に掲載された、その年の大学別実志願者数上位50位までのリストを基に、著者がまとめたものです。上部に東京勢・ＭＡＲＣＨ5校を、下部に関西勢・関関同立＋近大の5校を、いずれも「実志願者数」の全国順に並び替え、２０２０年度入試の総（延べ）志願者数と併願率を載せて、整理しました。

ここで記した併願率（％）、たとえば近畿大学の５２５％は「1人の志願者が同じ近畿大学へ5・25件の学部学科への併願希望を提出している」という意味になります。

図表 8　2020年度入試実志願者数と総（延べ）志願者数

順位	大学名	募集人員数	実志願者数	実志願者倍率	総（延べ）志願者数	併願率（%）
1	法政大	4,222	52,276	12.4	103,628	198
3	明治大	5,370	51,752	9.6	103,035	199
7	中央大	4,387	36,146	8.2	86,476	239
8	青山学院大	3,046	30,981	10.2	57,822	187
9	立教大	3,083	30,928	10.0	61,308	198
	MARCH	**20,108**	**202,083**	**10.0**	**412,269**	**204**
5	立命館大	4,780	38,072	8.0	103,669	272
10	関西大	3,765	30,234	8.0	87,625	290
11	近畿大	4,958	27,672	5.6	145,350	525
14	同志社大	3,793	23,957	6.3	49,946	208
25	関西学院大	3,361	14,512	4.3	33,209	229
	関関同立＋近 〈MARCH 比〉	**20,657**	**134,447**	**6.5** 65%	**419,799**	**312** 153%
18	千葉工業大	1,379	18,395	13.3	103,269	561

出所：『週刊朝日　2020年 5 月 8 ・15日合併号』（朝日新聞出版）より著者作成

つまり頭数で数えて、1人の受験生がその入試で第一志望に加え、同じ大学で別の三つの学部・学科・選抜方式を志願した場合、データ上では「4人の志願者」としてカウントされる、ということ。だからこそ、この数字を「総志願者数」（または「延べ志願者数」）と呼ぶのです。

これを受験生の実際の頭数に引き直し、重複志願件数を排除してカウントした数字を「実志願者数（実人数とも）」と呼びます。

そのことを踏まえて、あらためて図表8を見ると、近畿大学は4958人の募集人員数に対し、頭数で2万7672人。そのため実志願倍率は5・6倍となり、トップの法政大学の頭数5万2276人で倍率12・4倍から数えて、全国順位で11番目。関西圏では立命館大学、関西大学に次ぐ3番目にあることが分かります。

募集人員数と総志願者数はほぼ同じでも倍率と併願率が異なる理由

次に「MARCH」と「関関同立＋近」の合計欄を見てください。募集人員数はいずれも約2万人とほとんど同じです。

しかし実志願者数では、東京勢が20・2万人で実志願者倍率10・0倍なのに対し、関西は13・4万人で実志願者倍率6・5倍に留まっている。ここからは、募集人員枠に対する実志願者の倍率では、関西勢は東京勢の65%、つまり7割弱に過ぎないことが分かります。

総（延べ）志願者数を見れば、東京勢41・2万人で総志願者併願率は204%、一方の関西は総志願者数41・9万人で東京勢とほぼ同じ。しかし併願率は312%と東京勢の1・5倍となっています。つまり東京では、実志願者1人がその大学に対して、平均2件併願しているのに対し、関西では実志願者1人で平均3・1件の併願をしている、ということになるでしょう。

その理由として、東京圏と関西圏を比較すると、対象となる受験生全体の人数も、カバーしている他県や地域の範囲にも、大きな差があるということが考えられます。東京圏では国公立からＭＡＲＣＨ以外の私立大学まで、大学の種類も数も、受験生にとっての選択肢の幅も厚みも大きい。関西圏の場合、最上位に国立・京阪神３大学、その下に関関同立・産近甲龍、さらにその下に摂神追桃と縦に細長く、比較的単純な構図になっているのがその特徴です。

そうした背景を踏まえて、倍率12・4倍で5・2万人の実志願者を集める東京の法政大学と、５２５％という突出した併願率で14・5万人の総（延べ）志願者を集める関西の近畿大学、どちらの「募集力」が強いといえるのか。この議論は結局のところ「総（延べ）」と「実」の2種類の数字をどう読むか、という問題に行きつきます。

なお「各大学やメディアは、総志願者数だけでなく、実志願者数も公表すべき」といった論調は、『週刊朝日』（朝日新聞出版）らが２０１８年ごろから繰り返し主張していました。そうした背景もあって、今ではこの2種類の数字の存在そのものの認知が広まり、関係各所で検討されるようになってきました。

ただし、著者の見解を記せば、東京にある法政大学や明治大学が、関西を拠点とする近畿大学・立命館大学と、必ずしも正面を切って競合している、というわけではないとも言えます。

つまり、この問題設定自体がナンセンスなのであり、学生や保護者から見て大事なのは、競い合っている同じ地盤内の競合校との間で、募集力の人数・倍率・併願率の足元実績と前年比伸び率でどうなっているのかであり、その傾向をつかむこと以外にないのです。

高校教員、高校生は何を基準に志願先を選ぶのか

２０１６年４月に出版された『大学ランキング２０１７』（朝日新聞出版）に「大学選びにおける高校生、高校教員の考え方」に関しての大規模なアンケート結果が出ています。これは２０１５年11月、全国の１１９６校の高校の進学指導担当教諭宛にアンケートを送付し、回答のあった５７３校分を集計したものです。

質問としては「貴校の生徒は最近大学を選ぶ際にどのような傾向がみられるでしょうか」「貴校の進路指導教員が生徒に大学を進める際にはどのようなことを重視していますか」の２種類です。ですから「高校生の考え方」といっても、実際には当該高校の進路指導教員が

自校の生徒を観察した結果、ということになろうかと思われます。

図表9は「大学自体について」比較する上での優先順位、図表10は高校生の「個人的・主観的理由」での優先順位について著者が分割したものです。

これらを2種類に分けたのは、実際の大学が募集政策検討において参考とするのは、図表9にあげられた項目が中心になると考えられるからです。

大学選びの三大要素
——国公立・偏差値・知名度

その図表9の筆頭は、教員も生徒も圧倒的に「国公立大学」です。ブランドが高く、学費が安

図表9　志望校決定要因その1（大学自体について）

順位	高校教員が重視する点	校数	順位	高校生が重視する点	校数
1	国公立大学	381	1	国公立大学	402
2	難関大学（大学のランク）	255	5	難関大学（偏差値）	232
3	大学より学部・学科で	252	8	就職実績がよい	165
4	特色ある講座・プログラムで	216	12	学部・学科で	126
6	就職実績がよい	192	13	資格・免許取得に	115
8	就職支援・キャリア教育で	156	16	施設・設備で	96
9	施設・設備で	129	17	留学制度が充実	85
13	資格・免許取得に注力	73	18	講座・プログラムで	83
14	語学力習得に注力	54	20	就職・キャリア支援	60
17	留学制度が充実	42	22	語学力修得に注力	55

出所：『大学ランキング2017』（朝日新聞出版）より著者作成
注：送付対象は1,196校。うち回答は573校より。「高校生が重視する点」は進路指導教員が回答

い。当然の結果でしょう。

次にくるのが、これまた教員・生徒ともに「難関大学」です。ここでいう「難関大学」とは具体的には「高偏差値」の大学ということ。それに次ぐ要因としてあがってくるのは、「歴史・伝統がある有名大学」ということになりそうです。つまり「高知名度」。著者はこれら三つが大学選びの決定における最大要因と考えています。

そのまま図表9で下位の回答を見ると、「就職実績」「資格免許」「キャリア教育」「就職支援」「語学・留学」など、まさにメディアでいう「面倒見のよい大学」への期待が目立ちます。

一方、個人的・主観的要素の強い図表10を見ると、「現役合格・AO推薦」「自宅通学・都市部」など現実的な項目が並んでいます。

これらの項目は結局のところ「自分の偏差値レベルで考えられる、ベストのチョイスを」ということの表れであり、これらニーズがマッチしたうえで「最も高偏差値の有名大学」を選ぶ傾向にある、ということなのでしょう。

著者はこの調査結果を見て、「大学・学部ごと、年度ごとの偏差値」の力を痛感しました。募集力競争においての「偏差値」は、受験校選びでの最大の「原因」として作用すると同時

図表10　志願校決定要因その2（主観的理由について）

順位	高校教員が重視する点	校数	順位	高校生が重視する点	校数
5	歴史・伝統がある	201	2	現役で入学	343
6	浪人しても目標校をめざす	192	3	有名大学	305
10	現役で入学する	125	4	自宅親元から通学	301
11	有名大学	106	6	AO 推薦で早期に	192
12	オープンキャンパス見学で	78	7	オープンキャンパス見学で	172
14	奨学金制度	54	9	都市部の大学	146
16	学費が手ごろ	46	9	通学に便利	146
18	自宅親元から通学できる	28	11	歴史・伝統がある	141

出所：『大学ランキング2017』（朝日新聞出版）より著者作成
注：送付対象は1,196校。うち回答は573校より。「高校生が重視する点」は進路指導教員が回答

に、最終的な「結果」として、大学・学部の価値を受験界・実業界に公表宣言するものである。そんな感想を持ちました。

ちなみに著者が大学理事を務めていた当時、図表10を見て、高校生が「有名大学」「歴史・伝統」をそこまで重視しているのか、やや疑問に感じたことがありました。しかし、その疑問をキャリアセンターで話した際、あるスタッフから「高校生は、自分の進学先について『それってどこの大学？　どんな学校？』などと他人から何度も尋ねられるのを非常に嫌うものなのです」と説明されて、とても納得しました。

つまり私立大学選びについては、各大学が持つ「偏差値」と「知名度」という2つの要素こそ、高校生（側）として面倒な説明を回避するためのポイ

ントとなります。そして実はそれこそが「大学序列」を支える根幹であり、かつ第一章や第二章で説明してきた序列の構造と完全に一致する、その裏付けになるとは言えないでしょうか。

偏差値分布と過去の変化から読み解くと

ではここから「偏差値」「知名度」による「大学序列」がどんな仕組みでできているのか、あらためて公開されたデータから考えたいと思います。

ある大学に合格できる可能性を、代々木ゼミナール、河合塾、東進ハイスクールなどの大手予備校が行った統一模擬試験の該当受験者の点数分布をベースに、統計手法による数字で表したものが、いわゆる「偏差値」です。

著者が調べた限り、1960年代後半から「偏差値」という言葉そのものはあったようですが、受験時の資料として広く使われるようになったのは1980年代というのが定説のようです。実際、1972年に大学を卒業した著者は、当時その存在すら知りませんでした。

今日では、その「偏差値」をベースに、「旧七帝大」「早慶上理」「MARCH」「日東駒専」「関関同立」「産近甲龍」「南愛名中」など、予備校やマスコミらが語呂合わせ的に作った「くくり」が登場。それらも「序列」の一部となり、盛んに論じられるようになりました。

その「くくり」を図表11へ整理しました。

その特徴は第一に、地域ごとに存在する「くくり」、その横並び状態にあります。しばしば対比される関関同立とＭＡＲＣＨ、産近甲龍と日東駒専と南愛名中では、２０１９年の偏差値の単純平均値においても、２００７年比の上昇幅の平均値においても、申し合せたように、ほぼ同じような範囲で横並びとなっていることが分かります。

東名阪３都市圏の上位私大となれば、受験者もかなり重複しているでしょうし、同じ土俵で競争していると言えるのかもしれませんが、それにしても、各くくりの数値がここまできれいに並んでいるのは、不思議でもあります。

第二の特徴は各くくり、その中のバラツキです。これら4~5校の偏差値の上下の開きは、せいぜい3~8ポイント。なお２０１９年に入学定員超過倍率規制があり、その影響で、たとえば関関同立が合格者を絞った結果、産近甲龍の偏差値が上がり、その影響を受けてさらにその下の摂神追桃の志願者と偏差値が上昇、といった現象がありました。それと同じような動きはそれぞれのくくりで起きています。

第三に、著者が調べたところ、上記のくくり内は、過去の偏差値データなどを追っても、同じような状況にあったことが分かりました。図表11には掲載していませんが、たとえば1

‖ 図表11　東名阪有名私立大学偏差値の変化

関西 大学名	偏差値（19年度）	07年度比	東京 大学名	偏差値（19年度）	07年度比
関西大	69	6	明治大	72	5
関西学院	70	6	青山学院大	69	2
同志社	74	6	立教大	71	4
立命館	70	4	中央大	69	5
関関同立	**70.8**	**5.5**	法政大	69	5
			MARCH	**70**	**4.2**
京産大	58	5	日本大	63	8
近畿大	66	8	東洋大	63	8
甲南大	64	9	駒沢大	64	12
龍谷大	63	5	専修大	61	6
産近甲龍	**62.8**	**6.8**	**日東駒専**	**62.8**	**8.5**
名古屋上位			早稲田大	80	1
南山大	67	5	慶應義塾大	81	3
愛知大	62	12	上智大	72	△1
名城大	61	11	東京理科大（経営）	68	13
中京大	64	8			
南愛名中	**63.5**	**9.0**	**早慶上理**	**—**	**—**

出所：『週刊ダイヤモンド　2019年9月7日号』より著者作成。
進研模試・総合学力マーク模試・6月の「B判定値」、学部は基本的に「経済学部」の数値を使用

注：各くくりごとの数値はすべて単純平均値

982年、執筆時から37年前のものをランダムにピックアップして比較しても、やはりここで述べたような事象が起きています。

むしろ中長期の時系列で動きを見るほど、私大のくくりの相互関係は、実に安定的というか、保守的で強固な階層構造にあることが見えてきます。第一章でも書いた通り、このデータを見ても、昭和から平成にかけ、この国の大学ブランドの階層構造は、受験界の大学選びの枠組みとして「実質的にほとんど何も変わらなかった」とあらためて言えると思います。

「オープンキャンパス」が学生から求められる三つの理由

今一度、図表10を見てみると高校生が重視する点の中に「オープンキャンパス見学で選ぶ」が全理由中、上位7番目に入っていることに気づきます。

オープンキャンパスにおける学生の関心とは、第一に立地（通学の便・街並み）や建物設備（教室棟・図書館・ラーニングコモンなど）と学内環境（食堂・トイレ・グラウンドなど）の確認があるでしょう。確かに現場に行き、そこで得られる体験情報が絶大なのは事実です。

第二に、正規の大学広報（ホームページやパンフレット）でまだ公表できないような、正式には未承認の新学部・新コースやキャンパス移転の話題など、「ここだけの話」が聞けるというメリットがあります。車中広告などで「新学部学科・構想中」という文言を目にしますが、それはほぼ認可が確実な段階と言えます。一方で、オープンキャンパスではその手前の、世間がまだ知らないような段階の動きまで教えてもらえたりします。特に1、2年生など、まだ現実的な進学先が固まっていない段階の参加者にとって、大変なワクワク感につながるのではないでしょうか。

第三として、高校生側が大学選びのノウハウ、たとえば項目別ランキングや公開情報データの意味や読み方まで、それこそ授業のように、懇切丁寧に教えてもらえるというメリットもあります。たとえば「就職実績」について、実際の経験事例から説明しましょう。

いくつかの大学では、オープンキャンパスにおける最初の「大学紹介コーナー」で、ステージに上がった入試課長から、各大学やランキング誌が対外発表する「就職率」に、実は2種類の数字があるということを説明されるはずです。

なお、こういう説明をするのは「実就職率」が高く、自校が「就職に強い」ことをアピールしたい大学です。逆に就職率に自信を持っていない大学は、決して「実就職率」には触れようとしません。その大学が「実就職率」に触れるか、触れないかについては注視すべき点だと思います。

さらに入試課長はステージ上の大画面に、自校とライバル大学数校の就職率に関する実績表を映し出し、こんなニュアンスで解説していくかもしれません。

「就職率と教員1人当たりの学生数の数値をよく見てください。この数値をST比といい、数字が小さいほど少人数教育ができているということを表しています。ここで掲げた大学の中で、ウチのST比が一番小さいでしょう？　だからウチの大学はゼミが盛んで、だから先生と学生の距離がどこよりも近く、だからウチの大学の『実就職率』はトップなのです」

ここで読者にもあらためて「就職率」の持つ2つの意味をざっと説明しておきます。

一般に多くの大学が発表する「就職率」、および本書でしばしば引用する朝日新聞出版の『大学ランキング』などに記された数字は、文部科学省が認める従来型（一般）の「就職率」を指しています。これは、大学側で把握している「就職希望者」を分母に、「就職者」の比率を割り出したものです。

もう一つが「実就職率」と呼ばれる比率です。これは、分母にその年度の卒業生の数から大学院進学者だけを引いた人数を持って来て、それに対する「就職者」の比率を割り出したもので、こちらの「実就職率」は「（一般の）就職率」よりもかなり低い数値になるのが普通です。

なお後者は、『サンデー毎日』（毎日新聞出版）らが特に提唱してきた指標です。「就職希望者などという数値は、大学が把握しているといえども恣意性が強いもので、比率を上げるために希望者の数を下げてしまう。そんないい加減な数字では困る」という主張の表れのようです。ちなみに『週刊東洋経済　臨時増刊　本当に強い大学』（東洋経済新報社）が公表している数字も、すべて「実就職率」の数字になっています。

やや脱線しましたが、参加した高校生はこういった流れの中で、オープンキャンパスを通じてじっくりと話を聞き、それを参考に志望大学を絞り込んでいくわけです。

退学率は「在学生視点」を示す重要な指標である

本章の見出しとして掲げた「学生視点」ですが、もちろん受験生だけでなく、すでに入学している在学生の視点から見たものも考える必要があるでしょう。それこそ大学から離れて何年も経つＯＢなどより、いままさにその大学へ通学している在学生こそ、内部者・経験者として視点に加えるべき重要な存在だと考えられます。

その意味で、著者が指標として考えているのが「退学率」です。「退学率」とは「もう一つの偏差値」「在学生が決める大学序列」と呼ぶべき指標と考えています。

より細かく言えば、「標準修業年限卒業率（4年間卒業率とも）」「留年率」「初年次退学率」などは、学生がどの程度、無事に4年間で卒業していく大学なのかを示す重要な指標になっています。

なお『大学ランキング』（朝日新聞出版）では「卒業率」と「退学率」を並べて掲載していますが「卒業率」は高ければ良い、「退学率」は低ければ良い、と単純に言いきれるものではないので、同誌では北から「都道府県別」「国公立→私立」の50音順で並べるという工夫を加えています。

そして「退学率」にも、やはり2つの数字が存在しています。一つは、その年度中に退学した学生の合計人数を、その年度の在籍学生数（5月1日の基本調査）で割った「(年度）退学率」（大学ランキング方式）。これが多分、一般的に使われている「退学率」です。

もう一つの数字は、同期生が卒業する年度末までの4年間に退学した学生数の合計を、4年前の同期入学生の数で割った「4年間退学率」です。この数字は各入学年度の入試状況（入学者の学力レベル）や、その学年の教学方針（特に合否判定や課程変更など）の年度ごとの影響を振り返るうえでは、便利だと言えます。

いずれにせよ退学とは、せっかく合格し、かなりの学費も貴重な時間もすでに投資しているのに、それを途中で放棄する、ということを意味しています。それでも退学を選ぶ学生は、自ら捨てようとする自校の大学ブランドの価値をどう認識しているのでしょうか。

それを算定すべく、整理したのが図表12です。

東京大、京都大、大阪大、慶應大、早稲田大、関西の関関同立・産近甲龍の各単純平均を、退学率の低い方から並べてみましたが、それにより「大学ブランドの高さ」と「退学率の高さ」がおおむね反比例の関係にあるということが分かります。

図表12　大学ブランドと退学率の相関関係

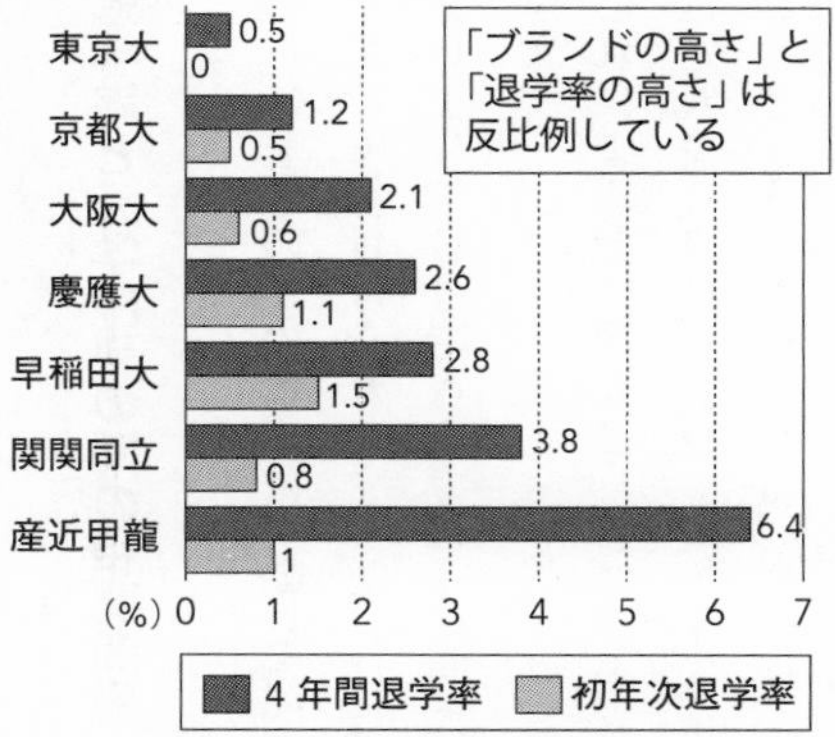

出所：『大学の実力2019』（中央公論新社）より著者作成

注：４年間退学率は2014年入学者の18年３月までの実績

退学率と大学序列の間の相関関係

さらに著者のこの仮説は、朝日新聞・河合塾による『ひらく　日本の大学2019』の調査結果でも裏付けられます。ここには、国公私立683校について、2015年4月入学者が2019年3月時点までの4年間にどれだけ退学しているかについての調査結果が出ています。

これによると、国立2・9%、公立4・1%、私立8・0%。全体では7・0%です。さらにこれを入学定員別（=規模階層別）に見ると、入学定員3000人以上5・2%、1000〜2999人6・8%、300〜999人8・6%、300人未満9・3%となっている。つまり「大学ブランド序列（学生数規模）が上の大学ほど退学率は低い」という事実が数字で見事に実証されているのです。

ではなぜそうなるのか。よくよく考えてみれば、納得はできます。大学中退とは、誰にとっても人生における一大事です。だからこそ学生も、冷静かつ現実的に、自分が捨てようとしているものの社会的な価値を、客観的に評価し直す。その意味で序列が高い大学ほど、なかなか退学という判断に踏み切れないのではないでしょうか。この現象に気づいて以降、著者は競合大学との「ブランド序列」の競争の行く末を分析するために、「偏差値」と同時に、必ず「退学率」の数字もあわせて確認するようにしてきました。

図表13　偏差値と年間退学率の関係

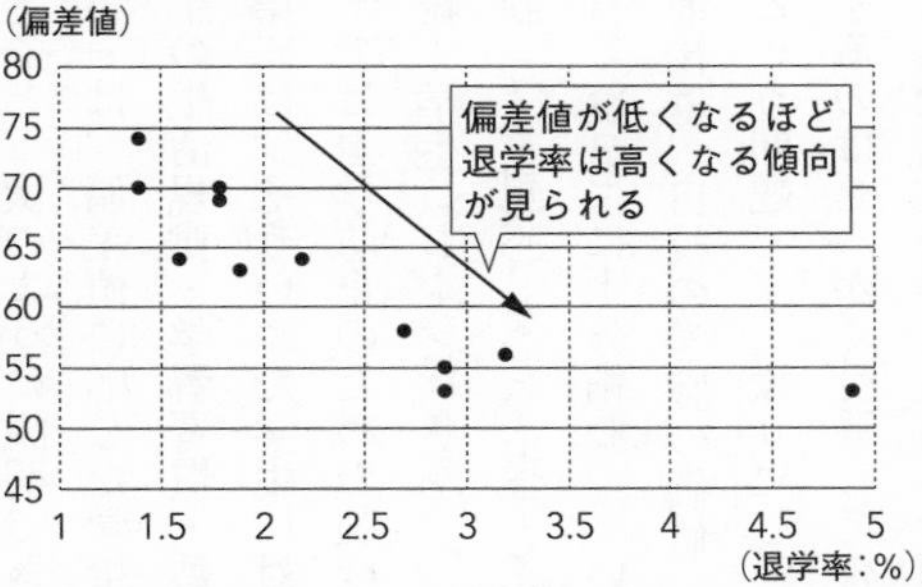

出所：偏差値は進研ゼミ統一模試2019年6月＋経済学部の数値「マナビジョン」より。退学率は『大学ランキング2021』（朝日新聞出版）「18年度退学者数／18年5月在籍学生数」で算出された年間退学率

注：対象は関大、関学、同志社、立命館、京産大、近大、甲南、龍谷、摂南、神戸学院、追手門、桃山の12校

なおこの着想と原因を細かく検証するために作成したのが、図表13の散布図です。

ご覧の通り、関西圏の上位・中位私大12大学の経済学部の偏差値（6月進研統一模試）と年間退学率（年間退学者数／在籍学生数）をXY軸にとって散布図を作ると、ほとんど例外なくきれいな右肩下がりの傾斜分布グラフになり、偏差値が低くなるほど退学率が高く（悪く）なるということがはっきり示されます。

なぜそうなるのか。もちろん直観的には分かる気はしますが、これをあえて理屈っぽく

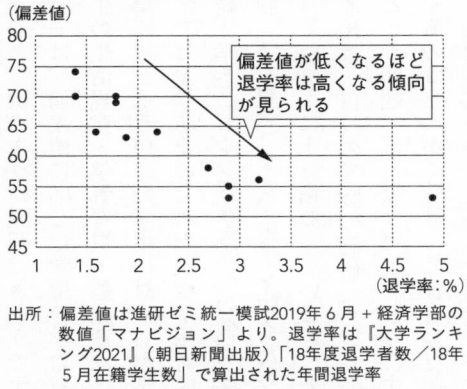

考えると、次のように説明できそうです。

第一は、偏差値に応じた学生の学力レベルによるもの。すなわち偏差値の低い大学ほど、学生の生活規律・学習習慣・勉強意欲に問題が生じがちで、授業についていけなくなる。

第二は、そういった学生に対する大学側の面倒見、その良し悪しの問題です。中位以下の大学では退学防止のための制度が相対的に未整備という状況があるのかもしれません。欠席が続く学生（および保護者）への個別注意・呼び出し、さらに本人・親・教職員による3者面談（学業相談）など、退学を防ぐための言わばセーフティネットのようなものが、大学側（教員・職員）に十分備わっていない、といった事情もありそうです。

最後は、自校の学歴の価値（ないし大学ブランド）に対する、在学生からの軽視ないし不信という問題です。繰り返しとなりますが、経済的事情によるやむをえない退学を除き、退学するのはせっかく受験して合格したという経歴やすでに支払ったすべての学納金、そこで過ごした貴重な学生生活の時間などを捨て去る、という決断をすることを意味します。

つまりそれは、内部者としての視点と経験に基づき、あらためて学生がその大学の「学歴の将来価値」を見通した際、どう考えても、残りの在籍期間やその学費・生活費の追加投資に合わない、という判断で「損切り」されたことを意味します。そしてこうした判断を下される大学とは、著者からすれば、非常に情けない存在だと思われてなりません。

「学生視点」で注目の5大学——法政、明治、近畿、立命館、千葉工業

では学生視点で注目すべき大学は、具体的にどこか。著者がそのことを考えるならば、図表8に示した通り、実志願者数の上位と総（延べ）志願者数の上位、さらに競争倍率・併願率の高い大学を挙げるでしょう。

加えて高校生・保護者・高校や塾の先生たちの側からの「学生視点」を考えたなら、やはり雑誌メディアによる大学特集の報道の影響が大きいと思われます。そしてそれ以上に大きいのは、オープンキャンパス、視察下見、車内広告、大学ホームページなどを通じ、受験生自身が直観的・体験的に感じた魅力でしょう。

以上を整理し、高校生が「学生視点」でとらえられるコトやモノを重点に考えたとして、具体的にあがってきたのが、法政大学、明治大学、近畿大学、立命館大学、千葉工業大学という5大学です。

法政大学の実志願者数は全国1位の5万2276人、募集人員に対する実志願者倍率、なんと12・4倍です。総志願者で、2017年に早稲田・明治の2校を十数年ぶりに抜き、東京圏で首位に立つと、3年間、その座を維持しています。

この30年で9学部を開設して15学部となり、今やMARCHでも最大の学部数を誇ります。その中の国際系の2学部（国際文化学部・グローバル教養学部）が特に人気を牽引し、『週刊東洋経済　2019年12月21日号』によれば、「71年度には8％と全学生の10分の1足らずしかいなかった女子学生は、直近の19年度には38％にまで増えている」とのこと。

法政大学がいまメディアで取り上げられるとき、必ず言及されるのが、国際化の進展です。上記の2学部の存在はもちろんのこと、他学部にも広がる「英語」で学位が取れる授業などが、その中心となっています。

そしてもう一つは、メインとなる市ケ谷キャンパスの充実ぶりです。地上27階のボアソナード・タワーを中心とした、2021年完成の新中央広場は、オープンキャンパスで足を運んだ高校生らの気持ちを間違いなく高揚させてくれるはずです。

田中優子総長による大学改革のリーダーシップもさることながら、これら新学部の開設ペースや学部数、国際化と美しいキャンパスからは「学生視点」への敏感さを強く感じます。

次に明治大学について。ビジネス誌の「大学選び」アンケート以外では、高校生の志願度合いを毎年直接的に調べる大規模アンケート調査が存在しており、そこで強いのが明治大学です。

たとえば、リクルート進学総研が毎年発表する『進学ブランド力調査２０２０』の結果を見ると、過去10年の関東地区『志願したい大学』で、明治大学が1位になった回数は7回、2位が3回となっています。さらに同調査によれば、明治大学が、それまで3年連続1位だった早稲田大を抜き、4年ぶりに1位になったと記されており、人気が入試偏差値の上昇も後押ししているようです。

明治大学の人気上昇の理由としてあげられるのが、都心型大学としてのブランディングが奏功したということ。実際、生田（川崎市）以外の3つ、そのすべてのキャンパスが東京23区、それも駅近に位置します。神田駿河台にそびえたつリバティタワーはまさに都心型大学の象徴ですが、確かにこの地上23階建てのビルを仰ぎ見ると、理屈抜きにその人気の高さを痛感します。

続く近畿大学については第二章でも紹介しましたが、２０１７年、著者は実際に同大のオープンキャンパスに足を運び、オープンしたばかりの「アカデミックシアター」1～5号館を見て度肝を抜かれました。それは５００億円をかけて新設されたという、まさに「文理の垣根を越えて、社会の諸問題を解決に導くための学術拠点」で、大学最先端にして、最大の規模と環境・内容を兼ね備えた設備だったのです。

２０１７年度時点で近大は、すでに14学部3万３１２５人の学生を、全国6か所のキャンパスを抱える大規模総合大学でした。そしてその新設備は、9学部2万３７６６人の学生が学ぶ東大阪メインキャンパスに位置します。

これだけの固定費をかけても、受益者人数とその満足感を考えれば安いものなのかもしれません。『大学ランキング２０２１』（朝日新聞出版）によれば、近大のオープンキャンパスには、毎年5万人以上の受験生が参加するそうですが、募集力競争のための広告宣伝の費用対効果を考えれば、確かに合理的だと言えそうです。そしてこれこそが「規模の経済」の表れです。

立命館大学は「関関同立で勢いが目立つ改革路線へ猛進のマンモス」という『週刊ダイヤ

モンド　2020年3月14日号』での大学特集ページの見出しの通り、とにかくその動きが非常に大きな大学です。

かねてより「大学改革のフロントランナー」と呼ばれ、1994年にびわこ・くさつキャンパス、2015年には大阪府茨木市に大阪いばらきキャンパスを開設するなどの積極的な動きを採ってきました。新学部でも、2010年にスポーツ健康科学部、2018年に食マネジメント学部、2019年にはグローバル教養学部を開設しています。このように最近まで「食」「スポーツ健康」といった、新規性・話題性を追求する新学部開設の姿勢も、実志願者数全国5位、総（延べ）志願者数全国2位という高い募集力を支えているのでしょう。

最後が千葉工業大学です。

『週刊朝日　2020年5月8・15日合併号』（朝日新聞出版）によれば、2020年度の実志願者数は1万8395人（前年比110％）で、募集人員1379人に対して実志願者倍率が13・3倍と上位50大学中トップ。総（延べ）志願者数は10万3269人（前年比114％）で、併願率は561％と、こちらも近畿大学をおさえてトップです。

しかもこの志願者数増加は、一時的な特殊事情によるものではありません。2019年度

打ち上げに向け、ロケット製作に取り組む千葉工業大学の学生たち。千葉県習志野市にて。2020年11月26日撮影。読売新聞社提供

の前年比実績は120％超え、2018年度も約110％と、着実に増加トレンドを辿っており、関係者から注目されています。

志願者大幅増加の理由として、高層新校舎の建設、ロボットと宇宙という2つの先端研究センターと若者へのアピール、学部改組や新学科設置などが挙げられます。加えてその入試システムを受験者に有利にしたことなどもあり、基本的には地道で手堅い広報活動が実を結びつつある、というのが同大学広報担当者の説明でした。

なお同大学はなんと試験前日まで、出願可能になっています。センター試験自己採点後でも、日程に余裕ができるよう、受験生のために最大の便宜を図った成果とのこと。『大学ジャーナルオンライン』にはこう記されています。

「中学入試でも試験前日の出願が可能な学校が限られる中、大学入試で試験前日の出願受付を実現していることは、まさにオペレーションのイノベーションと言っても過言ではありません。相当な努力を重ねて緻密な業務フローを確立していなければこのスケジュールの実現は難しいのです。こうした『業務改善』なくして、単なる『安全志向』で志願者数がここまで伸びることはありません」

（「2020年度大学入試志願者数は減少でも10万人超えの大手は顕在『業務改革』で志願者増の大学も」2020年3月12日）

さらに重要と思われるのは、同大学の留年率と退学率の低下です。『日経BPコンサルティング』のサイトに、以下の広報部長の話が掲載されていました。

「『千葉工大ではある時期まで留年率が高く、それに伴って退学率も高かったのです。しかし教職員とともに努力することによって留年率と退学率の低下を実現し、その評判が口コミで広まりました。留年率や退学率が高いと、高校の先生が生徒や保護者に志願を勧めてくれないうえ、悪評が立ってしまいますから』。上位校なら留年率や退学率が高くても『厳格な成績評価を実現している』と判断されますが、中堅校以下では『教育方法に問題があるのでは』というイメージを持たれてしまいがちなのです」

（「志願者数が大幅増！　千葉工業大学の地道な広報努力とは？」２０１７年1月22日）

実際何年にもわたり、教員・職員が一体となって真剣に取り組んできた地道な努力というものは高校の進路指導の現場やメディアを通じて、広く知れわたるもの。留年率と退学率の低下という成果が広まり、千葉工業大学は評価を高めたのでしょう。

著者はこの記事を見て、裏を取るべく『大学ランキング２０２１』（朝日新聞出版）で直近の同大学のランキングデータを調べました。そしてこのコメントを見事に裏付けるデータを見つけることができました。

千葉工業大学の２０１５年度入学者、その4年間卒業率は82・6％、２０１８年度退学率は2・9％と、確かに良好な数字です。なお偏差値で同クラスにある大学をピックアップして、卒業率と退学率の数字を比べれば、明らかに千葉工大のほうが良好で、レベルとしては上位グループである日東駒専にほぼ劣らない水準になっていました。

また同誌の「高校からの評価ランキング（総合評価・全国順位、回答717校）」を見ても、1位東北大学、2位東京大学に続き、錚々たる国公立・有力私大が並ぶ中、しっかりと68位（掲載は上位206位まで）につけています。こちらも千葉工業大学の規模や知名度からすれば、見事な成果だと言えそうです。

注目校の共通点と学ぶべきこと

「学生視点」についてまとめれば、もちろん志願者数や偏差値、知名度が大きくかかわってくるのはここまでに述べた通りですが、オープンキャンパスなどを通じて伝わる、直接的、もしくは体験的印象の威力は見過ごせません。

新キャンパスや高層ビル、巨大な学術拠点などの設備、さらには新学部開設による勢いや人気学部など、やはり現場を訪ね、そこで実際に目に入るモノ、聞かされるコトの説得力は高いのでしょう。

一方、千葉工業大学の事例を見れば、学生への「面倒見」に対する学生の口コミや教員の声が「退学率」や「高校からの評価」ランキングに反映されることも分かりました。決して外見的な華やかなモノやコトだけでない「学生視点」の確かさに、あらためて納得させられてしまいます。

第三章のまとめ

❶高校へのアンケートによれば志願理由は「(偏差値と知名度の)大学序列」そのもの
❷関西は地域も大学数も限られ、頭数も少ない分、志願校への併願率が高い
❸募集力は志願者数とその増減率を毎年、競合大学を比較していかないと分からない
❹退学率は「在学生視点」からの自校の教育や学歴への体験的な評価を表している
❺立地・建物設備・新学部の話題・面倒見にまつわる「学生視点」の視野は広く鋭い

【コラム2】進む学生の「均質化」

学生の均質化の4つの原因

著者が60歳で大学の教員になって最も驚いたことの一つが、通常の講義授業であれ、少人数のセミナー（ゼミ）であれ、教室に集まる学生たちがみんな、あまりにもよく似ているということでした。もちろん見た目が、といったことでなく、それぞれの特質が似通っているということです。教室に集まる同世代の若者たち、その異様なほどの均質性について振り返って考えれば、主な原因として次の4点が考えられそうです。

第一は偏差値による「学力」の均質化です。

中学校時代、つまり10代前半（中学校受験もしていれば10歳前後）から、受験先を選ぶための学力テストを通じてそれぞれの「偏差値」がはじき出され、それによる合否可能性判定が始まります。

著者も、孫が通っていた学習塾の話を聞く機会があったのですが、その精緻な輪切り評価には感心したものです。受験先の学校ごとに想定される学力の薄い層に合致するよう、うまく生徒たちを受験させ、ほぼ同じ学力レベルの生徒を揃えたクラスを作る。それが大学生の学力、その均質化の基礎になるわけです。

第二が「出身地域」の均質化です。

旺文社教育情報センターの調査によれば２０１６年度の「地元都道府県内での進学率」において、愛知県がトップで71・４％と出ています。なお東京都は65・７％で３位、大阪府が56・３％で６位となっています。この数値はつまり地元志向を示したもので、近隣府県を含めれば、限りなく１００％に近づくと思われます。実際、著者が名古屋市近隣の中堅私立大学で教員をしていた際、ゼミ生たちのほぼ１００％が、東海４県（愛知・静岡・三重・岐阜）の出身であることに気づき、大変に驚いた覚えがあります。

第三は「年齢」の均質化です。

文部科学省が発表した「25歳以上の学士課程への入学者の割合（国際比較）」（対象はＯＥＣＤ加盟国、２０１０年度）によれば、「諸外国は25歳以上の入学者の割合が平均約２割に達し、社会人学生も相当数含まれる一方、日本の社会人学生比率は約２％であり、大きな差があると推定される」とのこと。同データによれば、米国は24％、韓国は18％などになっており、日本の2％という水準は、ＯＥＣＤ諸国の中でも突出して低いレベルです。つまり日本の大学は年齢差という点での多様性がかなり乏しいということが同時に分かります。

第四が「家庭環境」の均質化です。

お茶の水女子大学が、家庭の社会経済的背景と生徒の学力の関係を調べた『平成25年度全国学力・学習状況調査（きめ細かい調査）の結果を活用した学力に影響を与える要因分析に関する調査研究』（２０１４年3月28日）という研究があります。調査対象は5政令都市の１００校に限定されていますが、要点をざっくりいうと、保護者の世帯収入が高いほど、子ども（小6・中3）の国語・算数（数学）の学力が高いことが明らかにされています。

加えてこの調査では「小中学校→高校→専門・短大→大学→大学院」と、親の最終学歴が高くなるほど、子ども（小6・中3）の学力も高くなっていることもはっきりと示されていました。これらのデータからは、おそらく今の大学生、その保護者の年収・学歴はかなり似通った状況にあることがわかります。

以上、これだけ近しい環境や特性を持ち合わせた学生が集まっていれば、似通って感じるのは当然であり、著者が教員着任時にそのことに気づいたのも、いわば当たり前だったということです。

学生の「均質性」がもたらすもの

保育所・幼稚園時代から「年少さん」「年長さん」などと呼ばれ、就職しても「同期」とグループ分けされるような日本では、これらの「均質性」もさほど異常とは受け取られないかもしれません。しかしあくまで「教育の場としての大学」として考えたならば、これは決定的なマイナス要因です。

大学教育においては、教室に集まる学生の多様性、それこそが学びのプロセスの骨格を支えます。性別はもちろん、個性や学力、年齢や出身、育った家庭環境まで、自分と異なる人間が同席することで、同じモノを見ながら別の見方を主張し合える。自らが知らない地域や時代の話をし、それでも同じテーマで議論を重ねる。ある意味で、異質の者たちとの切磋琢磨の場と時間こそ、大学における教室の基本だと思われます。

しかしそれは、今どきの日本の若者や保護者にすれば、ただ単にまとまりのない集団だと感じられるだけなのかもしれません。なぜならば、あまりに均質な環境で生まれ育った若者にとって、「同じ」でないことは、いたずらに不安を増大させる要因になっているからです。

また、そのことをお互いに知っているからこそ、今の学生たちは人間関係にかなり過敏で、人の上に立つような行動をあらかじめ避け、自分の意思を表に出すことが少ないようにも感じられます。

しかし異質であることを敏感に嗅ぎ取り、それを嫌悪し、仲間から排除しようとする心理は「いじめ」や「不登校」を生み出すことはあっても、「友情」「学び」「尊敬」からはもっとも遠いものです。それは残念ながら、大学の目指す教育環境とは一番相性の悪い世界だと思われます。

「大学が大衆化した」ことで学生集団もエリートから大衆に変質しました。コラム1で触れた通り、「大衆とは自分がみんなと同じであり、そのことに喜びを感じる人々」というオルテガの定義にさらに磨きをかけているのが、いまの日本の大学の現実だと言えます。

第四章

「教職員視点」で見た大学序列

科研費実績の増減は何を表しているのか

教職員視点で大学序列を考えるなら

この章では、教職員の視点で「新・大学序列」を考えたいと思います。

その場合、大学教職員をとりまく状況が近年大きく変わっていることを理解しておく必要があるでしょう。特に研究や教育を担う教職員の人数が過去14年間で急増したというデータは注目すべきもので、そこからは近年、学内の「仕事」が質量共に大きく変わったという事実が浮かんできます。

またデータとしては、「文部科学省・科学研究費補助金（以下・科研費）」の変化も注目するべきと考えます。それは、科研費の実績こそが、教職員の組織総合力を示す重要な指標だと言えるからです。

学生数微増、大学数大幅増、教職員人数激増という不思議

図表14　4年制私立大学業界の変化（05―19年）

対象	2019年の実数	05年以降の増加数	増加率（%）
4年制私立大学学校数	607	54	9.8
学生人数（院生含む）	2,154,043	41,752	2.0
専任教員数	109,685	20,358	22.8
本務職員数	147,800	36,689	33.0
18歳人口	〈19年5月〉117万人	〈05年5月〉137万人 △20万人	△14.6

出所：文部科学省「文部科学統計要覧（令和2年版）」、2005（平成17）〜2019（令和元）年の14年間の統計より著者作成

図表14は、２００５（平成17）年から２０１９（令和元）年までの14年間、私立大学業界（学校・学生・教員・職員の数）がどう変化してきたか、統計データ（「文部科学統計要覧」）から著者が整理したものです。

これにより平成最後の十数年間で大学（特に4年制私立大学）の業界規模がどう変化したかがわかります。しかしこの図表を一見して、いくつか疑問を覚えた方も少なからずいらっしゃるのではないでしょうか。

ポイントは4点あると考えられます。

第一が、18歳人口の減少に比して、大学生の数は増えているということ。

この間、18歳人口は全国で１３７万人から１１７万人へ、実に20万人、14・6％も減少しています。しかし２０１９年までの14年間で4年制大学の学生数は約4・2万人、２・０％とわずかながら増加している。これはもちろん、4年制大学への進

学率の上昇によるものです。

しかし大きく減少している18歳人口から、より多くの学生を入学させればどうなるか。当然14年前では、入学できなかった層の学生が流入することから、全体としての学力レベルなどにマイナス影響が出ることが予想されます。

第二がこの期間、特に２０１０年ごろから、この先々は学生が減少していくと業界が大騒ぎした「２０１８年問題」への助走期間であるにもかかわらず、４年制大学の数は逆に54校、９・８％も増えているということ。なお、短大から４大への転換が多かったのが、その要因の一つと考えられます。

第三が、この間の学生数が２・０％の微増であるにもかかわらず、専任教員の人数は22・８％も増えているということ。なお教員全体としては、よりコストの低い非専任の非常勤講師などを含めると、さらに高い増加率になっていると考えられます。

第四が、職員（本務職員のみ）の人数は33・０％と〝激増〟しているということです。

あらためて述べれば、これら4点からは「大学の仕事が根本的に質量ともに変わった」という状況が見え隠れします。そしてこれこそが平成の後半、日本の大学業界が激変したことを象徴する数字だと言えそうです。

４年制大学の数と定員枠が増えたことで変化した学生の質

少し話をさかのぼると、進学率の高まりや第二次ベビーブームを背景に、80年代から大学の定員数は拡大基調となりました。そこで当時の文部省は恒常的定員だけでなく、臨時的定員を拡大することで、大学進学者の増加を乗り切ろうとしました。これが、１９８６年に導入された臨時的定員制度です。

それに加えて、『消えゆく「限界大学」――私立大学定員割れの構造』（小川洋著、白水社）によれば、その制度が導入された１９８６年から２０１５年までの約30年間、私立大学は３３４校から６０４校へと１・８倍余り増え、学生の収容力の拡大に邁進しました。

なお同書によれば、この間、新設された２６４校のうち、母体が短大の大学が１９０校と7割強を占め、残りの多くが専門学校などからの改組転換によるものです。また改組転換については保健・看護などの分野が多く、医療系大学が35校を占めていたそうです。

このようにして日本の４年制大学は、学校数と収容定員人数を着実に増加させてきたわけですが、ある時からは減少する18歳人口から、より多くの入学者を確保するため、学力の如何を問わずどこかの4年制大学に必ず入学できる「大学全入」へと舵を切り、それに向けてつき進んできました。その結果、大学生の学力レベルの下層限界は低下を続け、各大学における学力レベルのバラツキも平均も大きく下がっていったと考えられます。

教職員業務が変わった理由①——アクティブラーニングの導入

教職員数がこれほどまでに増加を遂げた背景に、その業務の量や質が変化したことがあると書きました。それでは具体的には何がどう変わったのか。

まず第一に、「アクティブラーニング」といった新しい授業方法の導入があります。今や大学に限らず、あらゆる教育界でその活用が叫ばれていますが、これは2012年「質的転換答申」と呼ばれる中教審答申で打ち出されたことが日本において広まるきっかけとなったようです。

「アクティブラーニング」という言葉の意味について、文部科学省のホームページなどを見れば、主体的・対話的で深い学びを得るために、従来型の大教室での教員の一方的講義でなく、発見学習、問題解決学習、体験学習、調査学習などをすることとされています。そして教室内でのグループ・ディスカッション、ディベート、グループ・ワークなどがその有効な方法として推奨されています。

しかし先述した通り、どこの大学でも、学生の平均レベルは全体に低下傾向にあります。それにもかかわらず（いや、それゆえに、かもしれませんが）こんな授業準備にも教室運営にも大変手間がかかるプロセスで、しかもそれによって「主体的・対話的で深い学びをさせなさい」と言うのです。これは教師として真面目に向き合うとすれば、とんでもなく大変な仕事です。文科省や中教審の専門家たちは、そういう教え方の訓練を受けてもいない教員であっても、誰でもすぐにできると考えているのでしょうか。

さらにそれ以上の問題として、そもそもその授業を受ける学生側に、それを受け容れるだけの能力が備わっているかという疑念が生じます。

『ＡＩ vs. 教科書が読めない子どもたち』（新井紀子著、東洋経済新報社）は、教科書の「意味」が十分に理解できない学生たちに、この授業方式は合わないと述べています。自らの意見を論理的に説明し、相手の意見を正しく理解し、さらにそこから文の構造を理解したうえで、生活体験や常識、様々な知識を総動員して文章の意味を理解する力を持ったグループで「議論」を積み上げていく。そんな学習は現実としてはとても困難で、「アクティブラーニン

グは絵に描いた餅」だと辛辣に評価しています。その上で、

「RST（著者注：基礎的読解力を調査するためのリーディング・スキル・テスト）の2万5000人を超えるデータから断言できます。意味のあるアクティブ・ラーニングを実施できる中学校は、少なくとも公立には存在しません。高校でも、ごく限られた進学校だけです」

とまで書いています。また、教育学者の寺崎昌男氏の『大学教育の創造――歴史・システム・カリキュラム』（東信堂）にも次のような記述があります。

「『ことば』をわがものとし、それを主体との関わりで生き生きと使いこなす、その能力の根本において、学生たちの力が貧しくなっているのではないかという点である。また、『ことば』によって成り立つ諸概念を、生き生きと理解し、感得する力も落ちてきているという感を否定できない」

「さらに、言語シンボルを介するコミュニケーションの能力が落ちているという問題がある。この後者の側面が、大学教員の側から見れば、『文章が書けない』『ゼミで議論ができなくな

った』といった現象として映ってくるのではないかと思われる」

「かつて新一年生のゼミナールで小グループの討論方式をとって運営してみたところ、グループの運営、座長を決めての討論の運び方、討論のまとめ、これら一つ一つの作業が、放っておけばほとんど成り立たないことを知って、愕然としたことがある。六、七人の小グループの中でさえ、他者の考えや他者の思いを感受し理解することが、たいへん不得手になっているのである」

右の初出が1984年ということを考えれば、三十数年前の時点で、すでに大学でのアクティブラーニングの実現にはかなり難しい状況があったことが見て取れます。

教職員業務が変わった理由②——多忙化

大学教職員増加の背景の二つ目が仕事の「多忙化」です。

社会学者の吉見俊哉氏は、その著書『大学とは何か』（岩波新書）で、大学教員たちの本音を次のように、きわめて冷静に描写しています。

「九〇年代以降、大学生になるハードルが低くなっていったことは、大学教育のユニヴァーサル化と言えば聞こえはいいが、実質的に大学全体の雰囲気を根底から変化させてしまうリスクを伴った。大学でそもそも真剣に学ぶ気などない学生が増えていけば、学生の『常識』もまた変化し、大学は『学問』とは無縁のテーマパークとなろう。つまり大学は、もはや自由な対話やエリート養成の機関とはほど遠く、『学歴』獲得をほとんど唯一の目的に就職前の若者たちが束の間の休息を楽しむ通過点となったのだとも言われていく。九〇年代以降のこの国の大学は、このような変化を大学のレジャーランド化と言って嘆きながらも、その根底にある市場原理を否応なしに受け入れていった。ここに浸透するのはサービス産業の論理であり、哀れな大学教員たちは『お客様』たる学生を『店』に誘い込む客引きとなり、彼らに教育サービスを提供する労働者となった」

『大学とは何か』が出版されたのはこの新書の刊行から10年も前ですが、それでもすでにこの状態でした。まして今日ごく普通の私立大学に勤める若手・中堅の教員たちなら、恐らくこう付け加えるのではないでしょうか。

80年代までは「大学が選んだ学生」を大教室に集めて、自分の専門知識を「教え授ける」のが大学教授の仕事だった。しかし90年代以降は、「大学が学生から選ばれるため」に、休日だろうと、オープンキャンパスなどで、高校生たちを勧誘するための模擬授業に駆り出される。平日はもちろん、科研費申請の準備に追いまくられながら、勉強意欲の低い入学者相手に、アクティブラーニングという名の、彼らを退屈させない授業を用意する必要がある。

それで何とか卒業まで在学してもらって、さらに就職支援のサービスまでしないと「面倒見の悪い大学」と言われ、顧客（受験者）が集まらなくなる。「教育サービスを提供する労働者」の仕事はこんなにも色々と多岐にわたっていて、私たちはとにかく忙しい、と。

職員の業務が変わった――「事務」から「面倒見」と「営業」へ

学内用語として、かつては職員やその組織をひとくくりに「事務」と呼んでいた時代があります。たとえば「それは教員の私でなく、『事務』に相談しなさい」といったニュアンスで使われていました。

今日でも職員の仕事が当時の意味での「事務」だけに留まっていたら、パソコンの普及や様々な証明書の自動発行、インターネットによる学内情報の共有などによって、この14年間でその人数は、33％の増加どころか、3分の1の人員に減っていてもいいくらいのものでしょう。

それでは今日の大学にて「本務職員だけで33％も増えた」とされる教職員は何をしているのか。それはなにより、個々の受験生・在学生に対してのケアにほかなりません。

外部に向けては、たとえばオープンキャンパスの企画や運営、来場者への説明はもちろん、各地での入試説明会の開催など。教員は模擬授業をするくらいで、ほかはすべて職員の仕事です。加えて、その合間では高校や進学塾に対し、受験生募集を目的とした広報もしなければならない。これはもう、いわゆる営業業務そのものです。

一方、内部に向けては就職支援が大きな仕事です。以前は3年次から始めるのが一般的でしたが、キャリア志向の高まりや、よりよい就職先に学生を送るべく、今では1年次からキャリア指導や学内説明会を始めている学校も多く存在します。

さらには退学・留年の防止対策も重要です。時に大学に出てこない学生本人と保護者に連絡し、職員が面談する3者面談や、場合によってはゼミや部活の教員まで同席させての4者面談の開催などといった文字通りのケア、つまり面倒見的な仕事が増えています。

いずれも近年の大学経営で重視している点ではありますが、対象は指導から教育にまたがる範囲となっているので、現実として、これらの仕事はもはや「事務」と呼べるレベルをはるかに超えてしまっています。

こうして教職員の仕事の質量がこの十数年で大きく変わったため、大学はその人員を増加せざるを得なかった。しかし、おそらくそれでも収まっておらず、非常勤講師や非正規の事務局職員などを動員し、それでなんとか回している、というのが実態ではないでしょうか。

以上の変化を踏まえて、次に過去10年間の科研費実績の上昇ぶりについて考えていきます。

科研費の配分額・過去10年（2009〜19年）上昇率上位大学のリストの意味

図表15は「科研費の上昇率ランキング」上位大学によるリストです。対象は、2019年度科研費配分額が3億円以上の大学で、2009年度科研費配分額に対する上昇率の首位（東京医科396・9％）から30位（東京外国語大学145・2％）までに限定してリスト化しています。

ざっと見れば、医科系・理系大学が上位を占める中、比較的、関西の総合私大が健闘して

‖図表15　科研費配分額（2009年度と19年度比較）

大学名	科研費配分額上昇率（2009年度と19年度の比較）（%）	上昇率順位	科研費配分額（19年度）（億円）	配分額順位
関西学院大学	231.4	5	5.91	11
京都産業大学	223.0	6	3.31	26
明治大学	214.6	7	6.71	10
（中京大学）	200.4		2.05	
東京理科大学	167.4	16	11.81	2
同志社大学	165.5	18	8.05	6
立命館大学	165.5	19	13.27	1
上智大学	162.7	20	3.85	23
立教大学	158.1	23	4.59	17
中央大学	153.4	26	5.06	12
近畿大学	152.4	27	7.89	7
関西大学	148.1	28	5.00	13

出所：『週刊ダイヤモンド　2020年８月８・15日合併特大号』より著者作成

注：対象大学は19年度の科研費が３億円以上の大学、かつ09年比上昇率が145.2%以上の各校。従って、大手国立大学・早慶などはこの表には挙がらない（配分額で早慶に次ぐ私学３位の立命館大学が、本表では１位になる）。ここではさらに対象を元表から絞って掲載しているが、中京大学は３億円未満につき、個別調査で、カッコつきでの掲載とした

いることが分かります。

なおこの表については次項以降で詳細を説明しますが、著者が特に興味深く感じたのは、有力な週刊誌が「大学特集」の中で、大学別の科研費配分額実績のようなものをランキングとして掲載する時代になった、ということでもあります。こうした変化こそ、まさに「新・大学序列」の萌芽で、それに対する世間の高い注目度の表れのように思われてなりません。

研究力ランキング情報の読み方と使い方

図表15に話を戻すと、「科研費の配分額」は各大学の研究力の序列を示す重要指標ですが、実はその情報にはかなりの制約があります。

たとえば『大学ランキング』（朝日新聞出版）掲載のデータは、確かに国公立や上位有名私大には十分な情報であっても、紙面の都合上、中位以下の特に文系大学についてまでは掲載されていない場合が多いので、誰でも参考になるわけではないでしょう。もし学生数６００0人程度の中規模以下の文系総合大学について比較したいと思えば、「日本学術振興会」のホームページに行って、該当大学のデータを洗うほうがいいかもしれません。

また科研費も、実際には個々の教員が申請するものですから、大学別の実績を比較するなら、その比較対象大学の専任教員の人数を確認しておく必要があります。さらに理系・医系については文系（人文・社会）より1件あたりの申請採択金額が大きくなりがちなので、やはり比較において勘案しておく必要があるでしょう。

さらに図表15にも記した「上昇率」ですが、09年と19年の2年度の配分額の上昇率の比較でしかないので、正確な意味で期間のトレンド分析とは言えません。また配分額そのものの比較でもありません。

このように不足を言い出したらキリがありませんが、それでも今回、10年上昇率を示した表がランキングとなって公開されたことは、大学の序列を正しく判断する上で、やはり一歩前進と言ってもいいのかもしれません。

次に研究力の情報について。

競合大学間における研究力序列をそれなりにとらえるには、毎年の配分額や採択件数そのもの、及び前年比増減（伸び率）を、自校と競合他校について、数字で比較することが不可欠です。

日本学術振興会・教育学術新聞などが毎年11月ごろに発表する全大学の大学別実績表を継ぎ足していけば簡単に管理できる変化に過ぎませんが、それを怠っていると、ある年度から競合他校が一気に実績や順位を伸ばし始め、気が付いた時にはもう比較にならないほどの差が付いている、なんてことが今の大学業界では実際に起こり得ます。

それだけでなく、研究力・科研費の実績評価は、通常のランキング表にあるような、配分総額から、その教員1人当たり金額、新規採択率・新規採択件数まで、いくつものランキング表が掲載されるのでややこしい。

そういった背景を説明した上で、次からは図表15の数値が高い大学、というよりも、研究力序列を考える上で参考になりそうな大学をピックアップしていきたいと思います。

「教職員視点」で注目の４大学――立命館、京産、東京理科、中京

図表15右側の19年度の科研費配分額で、トップになっているのが立命館大学です。科研費配分額は13・27億円で、慶應義塾大学（33・0億円）・早稲田大学（29・6億円）に次いで、全国私大第3位というすばらしい実績になっています。

『日経トレンディ　２０２０年3月6日号』（日経ＢＰ社）でも、「全国で見ても偏差値が高い上智大学・東京理科大学を上回り、早慶に次ぐ私大3位。特にこの10年で劇的に獲得額を伸ばしている」と書いています。そしてその理由を、同学研究担当副学長が同誌に、「１９９０年にいち早く、研究専門のサポート組織である『研究部』を教学組織から分離させ立ち上げたことが大きい」と語っています。組織のサポートにより、研究部の職員は、コンサルタントのようになって学内研究者に科研費への応募を促し、それで申請数を大幅に増やすこ

とに成功した、ということなのでしょう。

同誌は「2001年の私大中15位からその後私大3位へ、事務方の強力な研究サポートで躍進を果たした」とも書いています。

京都産業大学は関西の2番手グループ「産近甲龍」にくくられている、学生数1万3796人の大学です（同校ホームページより。19年5月時点）。図表15の10年上昇率を見れば、223・0%と、非常に高い成長を示していることがわかります。

同大学は、世界でも権威を持つ科学誌『ネイチャー』『サイエンス』での年間掲載論文数2014年度（14年4月〜15年3月）において、国内私大ランキング1位（国内大学7位）に輝いた研究力を誇ります。また2008年にノーベル物理学賞を受賞した益川敏英氏も、2003年から2019年までこの大学で教授を務めていました。

さらに2016年には、15年間長期計画を掲げ、そこで具体的に「世界的評価を高めるために研究成果をマネジメント」するという課題を明記しています。

ここで注目したいのは、2016年にスタートした新グランドデザイン「神山STYLE2030」と呼ばれる「15ヵ年計画」の仕組みとその成果です。

５年中期・10年長期で立てた経営計画が数年で形骸化し、学長交代を機に新計画に切り替えになる、といった話がよくあるだけに、15年という長さを聞いて、当初著者は懐疑的でした。実際、計画期間が15年以上の中長期計画を持っている大学は、５０７校の私立大学中、わずか26校（６・８％）に過ぎないと日本私立学校振興・共済事業団のアンケート結果（「私学経営情報第33号」２０１９年３月報告）にも出ています。最も多かったのが５年中期で42・９％でしたが、それですら実現はなかなか難しい。

そのような状況で、京都産業大学はどのように計画を実行してきたのか。調べれば、かなり綿密な進め方をしていたことがわかります。

リクルート進学総研『カレッジマネジメント２１１号、２０１８年７−８月号』によれば、たとえば達成すべきアクション・プランは89項目も用意され、それらすべてに、主管部署・責任者・目標と達成時期・達成度検証のための定量的・定性的指標が明記されているそうです。さらにそのアクション・プランも、大項目・中項目・小項目と階層化されている上、設定されている指標総数も３５０を超え、それぞれが進捗の検証を受けることになっているとされます。

こうしたＰＤＣＡの仕組みで、達成スピードが計画より早まる項目も出ており、学生数１

万5000人という目標も、当初の計画より早く達成する見込みになったそうです。

なお同校は新グランドデザインとしていくつかの柱を設けていて、具体的には「本学のすべての研究成果を一元的に把握する仕組みを構築。そのうえで、把握した研究成果を適切に評価し、より研究活動が活性化する仕組みを構築します」（同校ホームページより）としているのです。これはまさに、全学的な研究マネジメント活動と言えそうです。

また図表15に戻れば、立命館大学に続き、科研費配分額で11・81億円を獲得しているのが、学生数1万9325人を誇る東京理科大学です。国公立を含む全国大学中でも24位（立命館は21位）という堂々たる実績を残しています。

同校で注目すべきは、教員の研究実績の評価制度についての事例です。

文部科学省委託調査である『研究者等の業績に関する評価に関する調査・分析報告書　平成26年度』（三菱総合研究所、2015年3月）の中に「個人業績評価の先進事例調査」という報告があります。そこで先進事例として、東京理科大学を最初に紹介しています。

東京理科大学は1976年に「勤務評価」を導入。特別昇給対象者を選定するという制度を始め、そこですでに発表論文数・学会発表数などを評価対象としていました。

それが２００５年からは「業務評価」となり、教員への評価結果のフィードバックを開始。従来の専任教員に加え、実験講師・助手も評価対象にしています。項目として、「査読論文や科研費等の外部資金の導入」を高く評価し、詳細な評価項目を素点換算して合計するという、かなり精密なルールで運用してきたようです。

その「効果・課題と工夫点」として「評価制度の導入による効果は、昇給に反映される資料としての納得感を高められたこと」と前掲の「調査・分析報告書２０１５・３」に記されています。また、評価結果は教員が自己研鑽に用いるほか、理事長が昇給及び承諾などに用いる資料として利用。さらに表彰にも活用しているそうで、同校では全評価対象者を対象にした特別賞、40歳以下を対象にした奨励賞を設けているとも記されています。

ですので、同大学が科研費の２０１９年度配分額においても、10年前からの上昇率においても、これだけの実力を発揮しているのは、研究者個々人に対する公正なインセンティブがあってのこと、とあらためて納得させられます。

続いて注目したいのが、中京大学。なお図表15で、中京大学の項目を（　）で囲んでいるのは、データ出所とした記事の対象外であるためです。同校のデータは著者が日本学術振興会発表のものから2009年度（102・1百万円）、2019年度（204・6百万円）であることを確認し、そのうえで上昇率200・4%と書き入れています。

同校は、年度ごとの科研費配分額が低迷した時期もあったものの、2016年度から2019年度までは96・3→128・4→164・8→204・6百万円と、着実に増加しています。

著者は名古屋で大学教員をしていたこともあり、この大学にはかねてより注目してきました。実際『週刊ダイヤモンド　2017年9月16日号』（ダイヤモンド社）も同校に対して「ここ20年で急上昇！『中部の成り上がり大学』の代表格」と、驚きとも称賛ともとれるコメントを記しています。

その勢いはランキングにも表れています。たとえば「進学ブランド力調査2020」（リクルート進学総研）でも、文系受験生の「志願したい大学」ランキング、「2019年度名古屋地区」では前年の3位から1位へ上昇していました。

そうした背景に加え、ここで取り上げたのは著者自身の実体験もあります。著者がまだ名古屋で大学教員をしていたころ、通勤の地下鉄のドアの横の目立つ場所に、同校の車内広告を見つけました。『20人の戦う博士たち』というキャッチコピーが上段に大きく書かれ、その下に、アカデミックキャップとガウンを身に着けた教員が、記念写真のように3列に並んで写っているという、大学の広告にしては、やや変わった内容でした。よく見ると、こんなことが書かれています。

「専任教員全員が博士の経済学部は、日本国内では中京大学のみ。……日本の未来を照らすべくアカデミックな世界での最先端の『戦い』を続けています」

今や「お得で楽しい大学」のイメージをアピールする広告ばかりの中、同校の教育機関としての「真剣味」をあらためて主張しているように著者は感じました（ちなみにこの大学の建学の精神は「学術とスポーツの真剣味の殿堂たれ」です）。

そしてそれ以上に考えさせられたのが、専任教員全員が博士号取得者であることが、今や大学の売りになる時代になった、という事実です。『大学ランキング2020』（朝日新聞出版）でも「教員の博士号取得（比率）ランキング」の近くに「教員の年齢」「最年少教授・准教授の年齢」のランキングが掲載されています。これらはいずれも教員の研究者・教育者、つまり人材そのものに関連しての情報と言えます。

確かに教員の平均年齢（定年）は、若手研究者の活躍ぶりを示す指標で、最年少教授などの年齢も、研究実績重視の姿勢と実力主義人事を象徴するものと言えますし、その学校の未来を見通すうえで今後、より欠かせない目安になるのかもしれません。

注目校の共通点と学ぶべきこと

以上、注目すべき大学の事例を紹介しましたが、俯瞰してみると、今や大学としての研究力（科研費）の実績とは、もはや教員個人の範疇ではなく、大学の組織運営の成果であることが見えてきたように思います。それはつまり、研究者たる教員が、大学アドミニストレーターとしての専門的職員とのチームワークの中で、組織的に築いていくものだ、という認識です。

前提として、教員も職員も、昔と違って恐ろしく多忙になっています。その状況下で大学が研究業績を競い続けるためには、精神面・組織面の支援の仕組みが不可欠です。その意味で、あらためて大事なことは2つ。

一つは大学としてのしっかりした研究への方針計画と、それを緻密に運営していく権限を持った専門的組織の必要性です。

そしてもう一つが、すべての教員が多忙な日常の中でも研究実績を上げるために頑張れるような、人事上のインセンティブ制度的な仕組みの重要性です。

これらが揃った大学は、偏差値であれ、志願者数であれ、あるいは科研費実績であれ、長いスパンでの勢いを保つことができ、結果として、序列を上昇させていく可能性も高いと考えられます。

第四章のまとめ

❶大学教職員の仕事は非常に多様化・多忙化している
❷研究力の実績も大学序列の指標になりうる時代となった
❸自校の研究力を判定するには、実績の前年比伸び率と競合他校との比較が不可欠
❹科研費の増減こそ、大学の組織的な総合力を表す指標である

【コラム3】ＰＩＳＡの順位低下が示すもの

15歳の「読解力」が急落している日本

２０１９年12月、最新の「国際学習到達度調査（ＰＩＳＡ）」の結果が新聞などを通じて報道されました。これは世界79か国・地域の15歳を対象とし、２０００年から3年ごとに実施されているもので、「読解力」「数学的リテラシー」「科学的リテラシー」の３つの分野で調査されています。

日本の順位を見てみると、「数学的リテラシー」は前回（15年）の5位から6位、「科学的リテラシー」も2位から5位に順位を落としていました。しかし、より問題と考えられるのは「読解力」の2回連続の急落です。点数としては、２０１２年が平均５３８点で4位だったものが、２０１５年には５１６点で8位。２０１８年には５０４点で15位となっていました。

産経新聞の記事（２０１９年12月4日、「日本・読解力15位に急落、ＯＥＣＤ調査」）によれば、文部科学省はその結果について「全体の3割を占める自由記述式の問題で得点が伸び悩んだ」といい、「自分の考えを他者に伝わるよう、根拠を示して説明することに課題がある」と分析しています。さらに同日の産経新聞は『主張』（社説）で、このように指摘しています。

「この調査の読解力は、文章や図表など資料から情報を読み取る論理的思考力が問われる。もともと日本の生徒の弱点だった。さらに前回からはコンピュータを操作して回答する形式となった」
「日本は、事実と意見を見分ける問題のほか、情報の信ぴょう性を見きわめ、どう対処するか根拠を示して記述する問題で特に正答率が低い傾向が出た」
「読解力は他の教科の土台であるばかりでなく、社会で生活する力そのものと言っていい。日本の弱点克服は喫緊の課題だ」

うち「読解力」「論理的思考力」が「もともと日本の生徒の弱点だった」という記載が非常に気になったため、著者は過去のデータを確認してみました。すると、ＰＩＳＡの成績順位で過去に1位を取ったことがある「数学的リテラシー」や、2位を3回取っている「科学的リテラシー」に比べ、「読解力」の順位は8位、14位、15位、8位、4位、8位、15位などとなっていて、確かに誇るべき成績を残せてはいないようでした。

それではなぜ「読解力」で良好な成績が出ないのでしょうか。その理由について、著者は3つの仮説を立てました。

仮説①——日本語はもともと「仲間言語」だった

かつて自著『仕事のコミュニケーション論』(白桃書房)でも論じましたが、私たちは日本語の特質を度外視しては他人とコミュニケーションができません。特に未知の他人や外国人とやり取り(口頭・文書・ネットを問わず)をする際などに、それがはっきり認識されます。

たとえば日本の文化に関して、海外の文化人類学者らからはしばしば、その言葉や感覚を理解することの難しさが指摘されます。それは漢字かな交じりであるとか、発音数が少なく同音異語がやたらと多いといった、言語そのものの特徴からくる習得の困難さだけではありません。むしろそれ以上に、文化そのものの「文脈依存性の高さ」、つまり「高コンテクスト性（high-context）」がハードルとして感じられるようです。

米国の文化人類学者であるエドワード・T・ホールはその著『文化を超えて』（岩田慶治、谷泰訳、TBSブリタニカ）で、次のように述べています。すなわち、コンテクスト度の高い文化と低い文化を区別し、日本語のようにコンテクスト度が非常に高いコミュニケーションまたはメッセージでは、情報のほとんどが身体的コンテクストの中にあるか、個々人に内在化されていると。

つまり、文脈を共有している仲間内では、言葉にしなくてもお互いにわかっている。日本人同士なら、たいていの話は「以心伝心」「阿吽の呼吸」「なあなあ」で済ませられるということです。

辺境の島国に定住する、民族集団である日本人。その閉鎖的な環境での「仲間言語（インターフェローシップ・ランゲージ）」として日本語は発達したため、情報のキャリアとしての言語コード機能をそれほど発達させる必要がなかったという歴史的背景があるのかもしれません。ホールも『文化を超えて』に「日本語にはコード化された、明確な、伝達される言語のメッセージ部分には、情報が非常に少ない」と記しています。

前述の産経新聞の記事における「文章や図表など資料から情報を読み取る」ため「論理的

思考力」の必要性がそもそもそんなに高くなかった、ということなのでしょう。

仮説②——生徒の均質性がこの十数年でさらに進んだ

二つ目はコラム2でも詳述しましたが、精緻に輪切りされ、グルーピングされた結果生まれた、学生間での異様なほどの「均質性」です。

オルテガの「皆と同じであることに安心する人々」という「大衆の定義」の通り、学校仲間が多くの面で同質になってしまえば、他者や未知のモノを理解するための「コミュニケーション」や文章の「読解力」は、当然、その必要性が低下していきます。その意味で、ホールがいう「文脈依存性」がこの十数年だけ見ても、さらに強まってきていることは明らかでしょう。

若者が新聞を読まなくなり、スマホでの短いチャット的な会話や、SNSの独特のスラング的言語の出現が、この傾向をさらに強めたのかもしれません。ちなみに先述した産経新聞の記事には、日本は勉強目的のIT利用が、当時のOECD加盟36カ国中最下位である一方、ネット上でのチャットやゲームなど、遊び目的での利用率は最も高かったと報道しています。

こうした人間関係・コミュニケーション環境の変化は日本特有と言えそうですが、実際これらの要因によって、今の若者が、未知の他人や大人との間でコミュニケーションをすることをより苦手としているのは間違いなさそうです。加えて、論理的な意思疎通を可能とする「コード化された、明確な、伝達される言語のメッセージ」を読み解き、それを使いこなすことができなくなっているのではないでしょうか。

仮説③——単純に多くの高校生が勉強しなくなった

ベネッセ教育総合研究所が発表した「2006年・第4回学習基本調査」という研究データがあります。そこには1990年の第1回から2006年の第4回まで「高校生の平日の平均家庭学習時間」を調査した結果が掲載されています。

この調査のすごいところは、対象者を、所属高校の偏差値階層別で4段階に区分し、それぞれ各段階ごとの学習平均時間を出しているところにあります。それによれば、たとえば2006年の場合、高校の偏差値が55以上の生徒は105・1分/平日1日、50以上55未満は60・3分、45以上50未満は62・0分、45未満は43・2分といった数値が出ています。

しかしその結果は教育関係者からすると誠に驚愕すべきものでした。すなわち4段階の「中の上」とされる偏差値50〜54の生徒でも、勉強時間が１９９０年には１１２・１分あったものが、16年後の２００６年には60・３分へと、実に半分まで減少していたのです。同じ期間に「中の下」とされる45〜49では89・２分が62・０分へ、約７割まで減少しており、急激な右肩下がりのグラフを示しています。

なお、その９年後の同調査（『２０１５年・第５回学習基本調査』）では、幸いこの平均家庭学習時間は２００６年に比べ、すべての偏差値層で増加しているのですが、それも詳細を記せば決して喜べる状況ではないと思われます。

なぜならば、そこでの増加の主な要因が、高校側が「宿題」を大幅に増やしたことによる成果だったからです。「中の上」の偏差値50〜54では26・１分間、「中の下」の45〜49で22・０分間それぞれ増加していて、そのほとんどが「宿題をする時間」でした。宿題以外の自習時間では「中の上」でわずか４・７分間の増加、「中の下」では逆に１・０分の減少というのが実態でした。つまり自発的な家庭学習の時間の下落傾向は、何ら変わっていないということです。

偏差値の原理を言えば、全高校生のうち、圧倒的多数が偏差値45〜55の層に該当します。

つまり「50を中心としたその中の上と下」に属します。そしてこれらの大多数の高校生がこの16年ほどの間に、かつての半分から7割程度しか、自発的な家庭学習をしなくなっているという現象が起きていたのです。

著者のような団塊世代からすれば、どうしてもかつての「ゆとり教育」の影響が頭をよぎります。が、実際にそれが原因かどうかはさておき、「詰め込み教育でなく自主的な学びを重視する」という文部科学省の改革理念は、教育現場（学校・教員）・家庭（保護者）および生徒たち自身の、自学自習への姿勢のゆるみを誘発したに過ぎなかったのではないでしょうか。

先の「第4回学習基本調査」も、1990年には偏差値55以上の層（114・9分）と50以上55未満の層（112・1分）の勉強時間が並んでいたのに、後者が16年後にほぼ半分の60・3分にまで減少した点を取り上げ、「少子化を背景にやさしくなった大学入試の恩恵を最も受けたのは、この層の高校生であるといってよい」とコメントしています。

「受験地獄」「4当5落（4時間しか寝ない受験生は合格し、5時間も寝る受験生は落ちる。それだけ合格するのが厳しかったという意味）」という言葉がとうの昔に死語となり、「大学全入」の時代に入っているので、これも当然の変化と言えます。

そしてこの「勉強しなくなった」高校生の多くが進学する先こそ、まさにわが国の4年制私立大学の最大のボリュームゾーンである「普通の大学グループ」と考えて、おそらく相違ないはずです。

第五章

「経営者視点」で見た大学序列

教育投資の継続がその経営を支える

経営者は「財務比率」と「組織人事制度」を見る

章題に記した「経営者」。これはもちろん理事（長）や学長など大学の幹部層視点を想定しています。但し、彼らが日常で参考にする経営コンサルタントや監査法人の経営診断のような情報とは異なり、次の時代の「新・大学序列」を読み解く上で、経営者的な視点としては何をどう見ればいいか、そういうデータとその読み方に絞った話をしたいと思います。

そこで最初に、各大学ホームページなどに掲載された事業報告書・財務比率の記載から「教育研究経費比率（以下、教研費比率）」の数字をピックアップし、その平均値や気になる大学の数値・推移と比較していきます。実際には、そうした比較検討をするための材料はたくさんあるのですが、本書については特に重要なこの数字を切り口に、「カネの使い方」を表す財務指標から大学の経営を考えていきたいと思います。

なお学生納付金をほぼ原資としたその「カネ」の主な使い方ですが、半分近くが教職員への「人件費」にあてがわれ、次に学生と大学機関のための「教研費」に費やされます。本来

「教研費比率」が高いほうが良いのは誰の目にも明らかですが、それができない理由は、まさに前者の人件費比率との間でトレードオフ（あちらを立てればこちらが立たず）の関係があるからです。

その事実がわかることで「カネ」とは、「ヒト」すなわち「人事・組織制度」、特に教員の個人実績評価制度などの問題と切り離せないことをあらためて実感されることと思います。

「財務」で見るべき最重要ポイントとは

先述しましたが、経営者視点に立とうと思うなら、まず、各大学のホームページなどから情報公開、もしくは事業報告書といった項目をチェックするべきです。そして事業報告書に必ず記載がある「財務の概要」「主な財務比率」といった、法人全体の会計情報に目を通してください。

学外、もしくは学内だろうと、ここまで読みこむ人はあまりいないかもしれません。過去の参考数値などの掲載があっても、ほとんどは単なる自校だけの比率、その羅列です。他大学平均値との比較なども出さない大学が大多数で、たとえ企業財務には詳しい人でも、大学の財務については評価しにくい、という感想を持つのではないでしょうか。

そのような中、著者が皆さんにチェックをすすめたいのは、大抵その周辺に記載されている「教研費比率」という過去5か年の財務比率の推移を記した数字です。

財務情報はその法人の体力（資金力の健全性）やコスト構造の特徴、教育投資への関心の所在や注力度合いなど、本当は大変重要な指標ですが、やはり多くの人は目を通さないところでもあります。しかし横並び比較を得意とする『会社四季報』の出版元・東洋経済新報社が、『週刊東洋経済　臨時増刊』内にて『大学四季報』として大学別の財務情報を毎年一度（6月ごろ）公開するようになり、関係者の注目度が上がった印象があります。

『大学四季報』は「①健全性：自己資金（純資産）÷総資産、②資金力（運用可能資産）、③教育投資の比率（教研費÷事業活動収入）」などについて、重要指標には「格付けマーク」までつけて解説しています。

ただしその財務情報も、紙面の制約上、約800校の全大学のうち、学生数4000人以上の総合大学を中心とした、有力大学187校についてのみ公開しているのが現状です。

人件費と教研費の資金配分から読み取れるもの

各大学法人の「財務比率の推移」の表に話を戻します。

各校の経営力を審査する際、著者の場合、比率に出てくる「人件費比率（人件費÷経常収入）」と「教研費比率（教研費÷経常収入）」という2つの指標に注目します。この指標はどの大学も記載している大変に重要な財務情報です。

なお注意事項として、「人件費比率」は出さずに「人件費依存率＝人件費÷学生納付金」だけを記載している大学がまれにあります。また『大学四季報』などでは「教育研究投資（％）」は「教研費÷事業活動収入」で出ていますが、いずれにせよ、各大学の財務情報における「人件費比率」「教研費比率」は、「経常収入」を分母としているのが普通です（数字はそれほど乖離しないため、著者はほぼ無視しています）。

経営という意味で大学の力や経営戦略を推しはかるなら、「人件費比率」と「教研費比率」の2つほど貴重な数値情報はほかにありません。ここには各大学の経営方針、取り組み姿勢、志願者への募集力から在学生の満足度に直結する「おカネの使い方」が集約されており、その2つの指標が決算数値となって公表されているからです。これは、きれいごとの言葉や決意表明などがまったく通用しない、あまりに冷徹な指標だとも言えます。

特に人気度・偏差値などで同規模・同ランクの競合校があり、進学先であれ、就職先であれ、どちらかを選ばなければならない場合など、この財務指標を集めて、数年間分並べて比較することは簡単、かつ大変に有益な方法となります。

たとえば就職先として複数の大学を比較検討する際、継続的に人件費比率が高く、教研費比率が低い学校があれば、賃金処遇が良い可能性があるわけで、求職者から見れば短期的な意味合いでの魅力は高いかもしれません。しかし、その大学の10年後となれば、かなり不安と考えるのが合理的な診断でしょう。

この話題はこの章、そしてこの本の核心の一つですので、あえて繰り返します。

私立大学の総収入、その約8割は学生・生徒からの納付金です。そして「人件費」と「教研費」との比率とは、すなわち「学納金収入という一つのパイを、教職員側と学生・大学側でどう切り分けるか」ということで、そうした単純明快な仕組みと経営戦略に基づき、大学というものは運営されているということです。

これも繰り返しとなりますが、この点で少なくとも短期的・金銭的には、教職員個人への賃金支払総額と学生・生徒（および大学本体）を受益者とした教育投資額は、はっきりとトレードオフの関係に立っていると言わざるを得ないのです。

経営陣の将来展望が2極分化

大学業界が「2018年問題」を掲げ、大騒ぎしたこの十数年来、各大学内では、将来に向けて非常に強い危機感を抱いてきたように見えます。しかし実際には、その危機感には、大学法人ごとでかなりバラツキがあると言ったほうがよさそうです。

図表16は大学法人による「経営状況と意識（将来展望）」のアンケート結果について、2008年、2013年、2018年という3つの時点で、その回答の変化を数値に捉えなおしたものです。

それによると、大学経営への状況判断として「現状維持」が2008年では約5割だったのが、10年後の2018年には約2割まで減少。「やや厳しい・厳しい」と答えた法人の割合は逆に約2割増加し、「発展・充実」と答えた法人が約1割増加している、という調査結果が出ています。

図表16　大学法人の経営状況と意識の変化

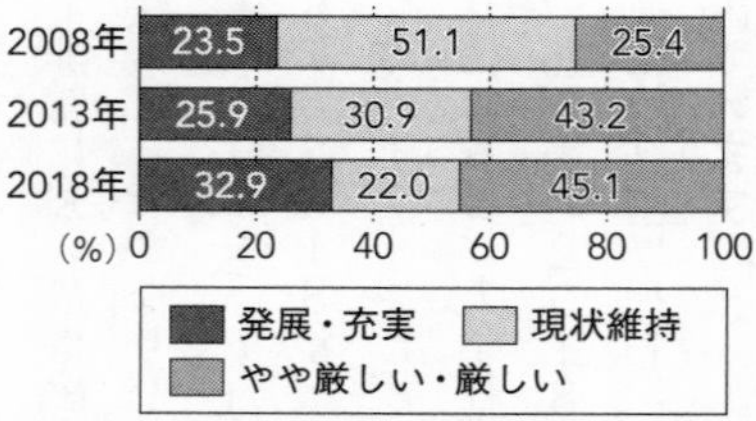

出所：「「学校法人の経営改善方策に関するアンケート」報告　平成30年４月調査」『私学経営情報　第33号』（日本私立学校振興・共済事業団）より著者作成

これはつまり10年前に比べて、経営に対する判断が「強気になった」大学（約1割増）に対し、「弱気になった」大学（約2割増）と、はっきり上下に2極分化してきたことの表れと考えられます。

「強気」の32・9％（増加は9・4％）は関西上位8大学のように、少子化への対策をほぼ終えたということなのか。また逆に「弱気」の45・1％（増加は19・7％）は、今更ながら今後の経営に対して危機感を感じ始めたのか。そこはよくわかりません。しかし、多くの大学人・経営職階の人たちが、次の時代に対して前向き・後ろ向きを問わず、大きく揺れ動いてきていることは確かと思われ、これもまさに新しい「大学序列」の萌芽と思われます。

ではその一方で、現実として将来を担う経営陣（理事）はどう考えているのでしょうか。

図表17は、日本私立学校振興・共済事業団が２０１８年に５１０大学法人の理事会メンバー、５６２４人に「理事の年齢層」をたずねたアンケート調査です。それによれば60歳代が

42・0％、70歳代が29・7％、つまり60歳から79歳が４０３１人となり、実に全体の71・7％を占めているということがわかります。なおこの年齢層の真ん中から上半分、２０２１年時点で72歳から76歳あたりを迎えた経営トップ層がいわゆる「団塊の世代」です。

現実として、今の大学には大胆なガバナンス改革、グローバル化、ＩＴの高度活用など、現場の実務指揮を含めた法人全体のアドミニストレーションが求められています。しかし、それを担えそうな働き盛りの40～50歳代の理事は、わずか21・1％しかいない。こうしたデータからはこの間、大学が経営改革にどこまで真剣に向き合っていたのか、少々疑問に感じてしまいます。

■図表17　大学法人理事の年齢層

順位	大学法人理事の年齢	回答数	割合（％）
1	40歳未満	25	0.4
2	40歳代	183	3.3
3	50歳代	999	17.8
4	60歳代	2,362	42.0
5	70歳代	1,669	29.7
	（60～79歳）	（4,031）	（71.7）
6	80歳以上	386	6.9
	人数合計	5,624	
	集計法人数	510	

出所：『私学経営情報　第33号』（日本私立学校振興・共済事業団）「「学校法人の経営改善方策に関するアンケート」報告　平成30年４月調査」より著者作成

経営課題の優先順位はこれでいいのか

現実として、大学関係者の間で財務問題への関心が高まってきたのはようやく最近になってのことだと思います。もちろんそれは悪いこと

‖図表18　学校法人経営陣の課題認識

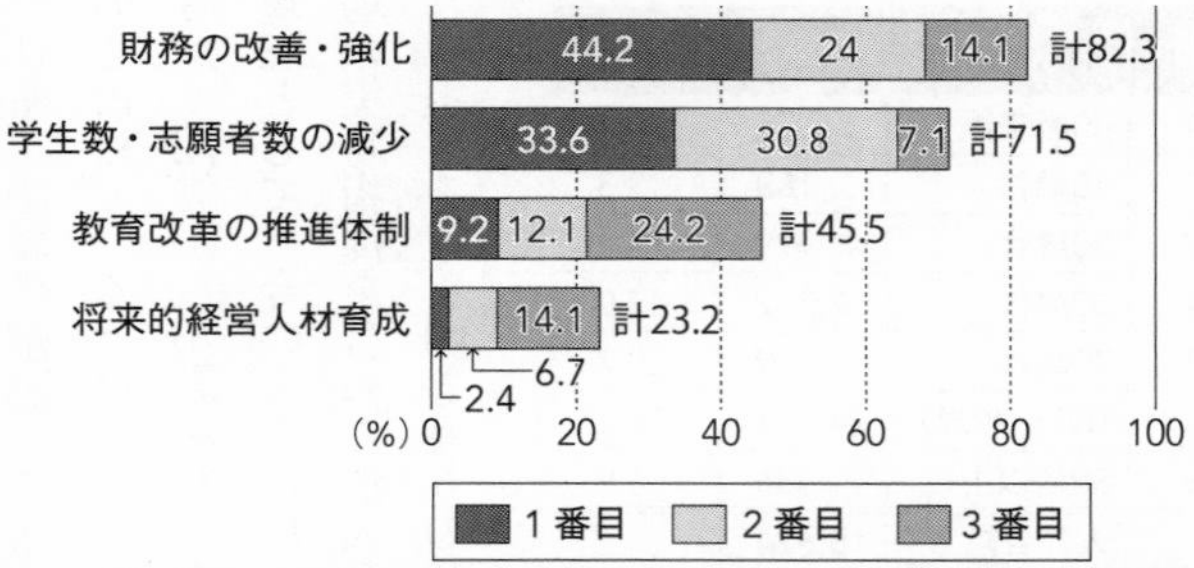

出所：「「学校法人の経営改善方策に関するアンケート」報告　平成30年4月調査」『私学経営情報　第33号』（日本私立学校振興・共済事業団）より著者作成

注：上記課題は対象491法人から挙がった課題のうちの上位4つ。グラフ右端の数字は3番目までの合計値

ではありません。

たとえば「法人として最も重要と考える課題（実際には11の選択肢）から、3つ順番を付けて選んでもらう」という調査結果について図表18にまとめました。回答したのは4年制大学を持つ491の大学法人です。

結果、そのトップは「財務の改善・強化」で217校、44・2%となっています。3位までを合計すれば実に82・3%という数値になります。

次点が「学生数や志願者数の減少に対する対策」で、これを1番の課題として選んだ大学は165校で33・6%でした。3位までを合わせると71・5%となります。

この2つ以外の項目となると、数値は大きく下がり、次ぐ項目が「教育改革の恒常的な推進体制の強化」で9・2％、3位まで合計しても45・5％に留まります。

その次は「将来的な経営人材の育成」でなんと合計で23・2％。先行きが不安だからと言え、この法人としての課題認識の優先順位付けにはいささか疑問を覚えます。「貧すれば鈍する」という言葉がありますが、市井の商売人ならいざ知らず、いやしくも大学法人の経営陣の回答としては情けないと思われてなりません。

要は、課題認識の順番が逆になっているのです。本来は最初に「教育の改革」が来て、その効果として「学生数・志願者数の増加」、しかるのちに「財務の改善・強化」がついてくる。大学というものがどうあるべきかということを考えれば、自然とそうなると著者は考えています。

なお大学法人がデリバティブ取引などに手を出して、そこで大きな失敗でもしない限り、経営不安は「財務」からでなく、ほぼ「教学（教育研究）」の衰えに起因します。

競合する他大学が、新学部開設や改組による定員増加、都心キャンパスへの回帰などの戦略的な動き、つまり「教学」を積極的に進めていく中、自校が取り残される。議論はすれども教授会などの反対で話が進まず、そうしているうちに、学生数や偏差値が他大学に抜かれていく。それが次年度の募集力の衰えにつながり、結果として財務不安に至る。

つまり大学経営において、危機の始まりはいつも「教学」です。著者は常勤理事を務めていた際、理事会や予算会議で「教学が目的、財務は手段」とよく言っていました。

たとえば「クロネコヤマトの宅急便」を新規事業として立ち上げたヤマト運輸の小倉昌男社長の著書、『小倉昌男　経営学』（日経BP社）によると、大赤字でスタートした1976年から、初めて黒字転換するまでの数年間、周囲の心配をよそに、ひたすら社員と車両とサービスレベル向上のための先行投資を続けたとされます。「サービスが先・利益は後」「社員とクルマが先・荷物は後」という名言は、当時の小倉社長の決断であり、またスローガンでした。

まず何を充たすかを定め、その結果として、何が充たされるのかを考える。一般企業だろうと、教育機関だろうと、経営者側にそうした姿勢が問われることに違いはありません。

人件費の高さが教研費を圧迫している大学の典型的症状

では大学が「競合他校より低くなっている教研費比率を改善したい」と考えたら、どうなるか。

まず理事長・財務担当理事・学長執行部などから、法人の予算委員会や財務部門に圧力がかかります。すると、改善の原資を捻出するために、教員定年を改革のより進んだ他校並みに早める、教員への研究費、諸手当、責任コマ数なども財務が優良な他校並みに厳しくする、教員の教育・研究活動をより活性化すべく、完全年功賃金から先進的な実績主義賃金に移行する、といった改革案が出てくることでしょう。

しかしそうした案が出たとたん、教授会や教員組合から、猛烈な反対の声が上がります。そしてほとんどの場合は、そこで議論が止まってしまう。大学の現場ではこの過程を、それこそ何年も繰り返してきているのです。

教研費比率の全国私大平均は33・4％（2018年・医療系除く、日本私立学校振興・共済事業団）だそうで、先述した『大学四季報』の格付けA－のほぼ真ん中あたりです。後に紹介する図表19を見ると多数がA－以下に格付けされ、私学平均を下回る有力大学も散見されています。

教研費と人件費がトレードオフの関係にあるのはその通りとしても、一方ではなぜこれをクリアして、教研費比率がA格付け、さらには40％以上を誇る大学が出てくるのか。同じ日本の私立大学として不思議にも思える現象です。

この現象の裏側を理解するべく、人事制度にまつわる問題を以下で考えていきましょう。

なぜ教員の個人業績評価導入は進まないのか

第四章の東京理科大学の話題でも触れましたが、文部科学省の委託調査に『研究者等の業績に関する評価に関する調査・分析報告書　平成26年度』（三菱総合研究所、２０１５年３月）というものがあります。

この報告書に「教員の個人業績評価」制度についてのアンケート結果が出ています。個人業績評価とは、その年度に個人業績をあげると、次の年度などでの給与や賞与の増加に反映されるといった制度を指しますが、回答した全国の４年制私立大学４３２校のうち、実に60％（２５９校）が「実施していない」と答えています。

詳細を記せば、小規模大学（教員数が99人以下）で64％、中規模大学（同２９９人以下）では60％、さらに大規模大学（同３００人以上）では53％にのぼります。これはつまり、実施比率は教員の人数や規模にかかわらず、個人業績評価制度導入については、似た状況にあるということ。

さらに同報告書について、個人業績評価を実施している大学の「（一般的雇用形態の）任期なし（月給制）教員」に対する「個人評価」の活用方法のデータを見ると、回答した149の私立大学において、その年度の個人業績を人事処遇に反映させる比率は給与が23％、賞与等は35％となっています。これは国立大学の給与58％、賞与等67％と比較して著しく低い割合です。

つまり個人業績評価制度を実施している私学でも、うち6～7割の教員は、いくら個人業績をあげようと、次の給与や賞与などにつながらないということです。さらに言えば、「個人業績の評価が給与や賞与等にきちんと反映されている私立大学」というのは計算上、評価制度未実施を含む全私学のうち9～14％程度しかない、ということになってしまいます。

なお同報告書では、「昇任」判断で勘案するという比率が、私立では51％（国立17％、公立20％）と高くなっていますが、それでもせいぜい半分程度で、未実施私学を含めてしまえば、全体の20％程度に留まるということになります。

同報告書から見えてくるのは「教員間に差をつけない」という頑強な姿勢です。教員間の（悪）平等は、学問の自由の表れで、教員の既得権でもある。個人別評価制度による給与への反映はおろか、その制度を検討することすら決して許さない。こう主張する教授会や教員組合がいまだに存在する……どころか、むしろそれが多数派だということです。一般企業で長い年月を過ごし、年度ごとに個人の業績が審査され、ボーナスや昇給、昇進が決まっていく人事制度で育った著者にとって、こういった大学の人事評価制度が、はたして働く側として理想的なものと言えるのか、疑問に感じるところはあります。ただ、ここで著者が言いたいのは、世間一般の実社会の動きや常識からまるで乖離した経営をする非営利法人組織が、厳然として今も存在し続けているという事実です。

現実として大学側が、学部や専門、担当が異なる教員による教育活動や研究活動への貢献度を評価するのは大変な作業です。もし公正性と客観性をもって個人別評価をするのなら、教員の大多数が納得する統一的な「評価テーブル」（評価対象項目別・点数基準表）が必要となるでしょう。そうした事情を考えただけで、教員人事制度の中身の策定や運用については、かなりの困難が想定されます。

しかしいくら難しいと言え、財務において教研費と人件費がトレードオフの関係にある以上、停滞した人事制度を変えられるかどうかが大学経営の未来を占う一つになることも、また事実と考えられます。

なぜ学生の授業評価が人事評価に直結しないのか

さらに同調査では、教員個人業績評価制度をすでに実施している私学171校のうち、「学生による授業評価」を評価対象にしている大学は59％の101校に留まる、というデータも示されています。今や、ほとんどの大学が実施していると思われる「学生による授業評価」ですが、個人業績評価制度を未実施の259校を加えた全私学で考えれば、23・4％の大学でしか、教員個人の評価につながっていないということになります。

一般的な大学では、半年（1セメスター）で15回、ないし通年で30回の授業、その最終講義の日などに、受講生全員から無記名による授業評価アンケートを集めています。マークシート方式で10項目程度、講義や教員に関する評価の質問に5段階評価をしてもらう学校が多いようです。これが「学生による授業評価」です。

それがいつから、なぜ広まったのか、著者が調べた限りでははっきりとはわかりませんでしたが、少なくとも勤務していた大学では90年代後半から学部単位で試行され、徐々に拡大実施されて、2002年度からは全学で実施していました。

ではすでに20年近く広く行われてきた「学生による授業評価」のアンケート結果が、なぜ教員人事評価制度としてほとんど活用されていないのか。言い換えればなぜ、学長執行部・学部教授会・教員組合らは、今日まで学生の直接的な生の声を教員の評価に反映させることに抵抗してきたのでしょうか。

こちらも明確な裏付けがあるわけではありませんが、教員に聞くと、多くはこう説明します。出欠や単位認定を甘くすれば、学生の授業評価の点数は簡単に上がる。なので、もし授業評価を教員評価にリンクさせたら、誰も厳しい授業をしなくなる、と。自分の講義の内容やレベルを学生ふぜいに評価されたくない、といった個人的感想も出てくるかもしれません。

それでは現実として、教員の評価において大学は何を重視しているのか。

同調査によれば、国公私立を通じて、もっともその割合が大きいのが「講義・演習の担当時間数」で国立大学が90%、公立大学は84%、私立大学では69%となっていました。

しかしこれは単に教員の担当責任時間数、つまり授業コマ数をどれだけ担当したかという量の評価にすぎません。つまり「質の良い授業を受けたい」と学納金を支払っている学生の声も、私立大学の多くが無視し、まるで聞く耳を持っていないという事実を、堂々と文部科学省のアンケートを通じて公言しているわけです。

メディアによる「教研費」指標の見方

続けて「教研費」について考えてみましょう。

図表19に、東西の上位大学の法人決算数値をまとめました。左列が「教研費比率の過去5年平均%」、右列は「2019年3月期法人決算・教育投資の格付け」です。

経営者視点としてこのリストを取り上げたのは「5年間の平均%」を算出・記入してくれているからにほかなりません。

『週刊ダイヤモンド 2020年8月8・15日合併特大号』では、主要な財務指標である人件費比率・経常収支差額比率・純資産構成比率など9つの財務比率について、同じ手法を用いた5年間の平均%を記載していました。

個別大学の教研費や人件費の比率を分析すれば、5年ごとくらいに一時的要因による大きな変動が起こることに気づきます。固定資産（教室設備）の残存価格を一括償却したり、たまたま退職者が集中し、多額の退職金支払いが発生したり、あるいは周年行事の多額の寄附金で経常収入（分母）が跳ね上がったり。各年度決算ではこうした変動を避けられません。

図表19　教研費比率の順位と格付け

順位	大学名	5年間平均（%）	19年3月期格付け
2	慶應義塾大	48.4	A+（医学部があるので除外）
3	近畿大	45.9	A+（医学部があるので除外）
4	日本大	42.2	A+（医学部があるので除外）
5	早稲田大	42.0	A+
6	東京理科大	40.4	A
	（芝浦工大	40.3	A）
7	関西大	40.2	A
8	立命館大	38.6	A
9	同志社大	37.2	A-
10	甲南大	36.8	A-
11	立教大	35.6	A-
12	明治大	35.5	A-
13	京都産業大	34.2	A-
15	関西学院大	33.5	A-
15	法政大	33.5	A-
17	東洋大	33.4	A-
19	青山学院大	32.8	A-
21	中央大	31.8	A-
23	駒澤大	30.4	A-
24	専修大	30.3	B+
26	上智大	29.7	A-
28	龍谷大	27.9	A-

出所：『週刊ダイヤモンド　2020年８月８・15日合併特大号』（ダイヤモンド社）、『週刊東洋経済　臨時増刊　本当に強い大学2020』（東洋経済新報社）より著者作成

注：対象大学は関西・東京、主要28大学から早慶上理、MARCH、日東駒専、関関同立、産近甲龍を抽出。格付け区分はA+が41.3%以上、Aが41.2〜37.3%、A-が37.2〜29.0%、B+が28.9〜24.9%。５年平均%の分母は経常収入、格付けは事業活動収入

たとえば図表19を見れば、過去5年平均%では30・3%となっている専修大学も、2019年3月期だけ何らかの一時的要因があったのでしょう、28・7%まで下がっており、同時に格付けも「B+」へ落ちています。

だからこそ、5年平均にならすことにはとても意義があります。その上、有力私大28校を横並びで比較しているのですから、同誌の大学特集は親切かつ、とても信頼性の高い情報だと言えるでしょう。

また『週刊東洋経済　臨時増刊』内『大学四季報』の場合、上位私立大学については、1年前の法人決算値から4つの「経営指標」を掲載しています。それが①収入（前期比増減）、②健全性（企業の自己資本比率）、③資金力（流動資産）、④教育研究充実度（教研費比率／事業活動収入）です。

④の教研費比率の場合、単年度決算数値で41・3%以上なら「A+」、41・2〜37・3%は「A」、37・2〜29・0%は「A−」、28・9〜24・9%は「B+」、そして24・8%以下が「B」と格付けが下がります（著者注：図表19の格付けマークはあくまで19年3月期の単年度法人決算の数値となるため、左列5年間平均%の数値とは一致しません）。

つまりこの4項目の格付けやコメント表示を一見すれば、各校の財務状況および大学間のランクが、誰の目にもはっきり「序列化」できるようになっていることがわかります。逆に大学側の立場に立ったなら、特に幹部役員教員や理事にとって、これ以上に公開されるのが怖いリストはないはずです。

大規模大学ほど格付けが高い傾向があるのはなぜか

さらに図表19を詳しく読み解きたいと思います。

なおリスト中、慶應義塾大学・近畿大学・日本大学については医学部があるため、財務指標上、教研費比率も格付けも「A＋」と非常に高く出てしまいます。その意味でほかの大学と横並びの比較ができないため、分析からは除外します。

はじめに「教研費5年平均%」と「教育投資格付け」が高い大学を抽出していくと、早稲田大学が5年間平均42・0%で格付け「A＋」、東京理科大学が40・4%で「A」、関西大学が40・2%で「A」、立命館大学が38・6%で「A」となっています。

これらの大学は、いずれも学生数が多い大規模大学です。2020年度の『週刊東洋経済臨時増刊』内『大学四季報』（東洋経済新報社）によれば、早稲田大学4・79万人、関西大学3・03万人、立命館大学3・58万人とされ、日本の私大の中でも最大級のマンモス大学と言えそうです。なお東京理科大学は1・93万人の規模ですが、それでも理工系大学として考えたなら、やはり大規模と言えるでしょう。

さらに格付け「Aー」のうち、5年間平均が35％台以上になっている上位を見ていけば、同志社大学2・89万人、立教大学2・05万人、明治大学3・29万人と、やはりこれらも大規模大学です。

例外として、上位校に36・8％の甲南大学（学生数0・91万人）があります。ただ、『週刊ダイヤモンド　2016年9月24日号』での学長室コメントによれば、そもそも「甲南は独自路線を歩む考えの大学」であり、「1万人に満たない中規模大学の特性を生かし、学生と教員が交ざりあいながら人材育成に励む」という独特の方針を貫いているとのことでした。

こうして見ていくと、一般的に大規模大学ほど教研費比率が高い傾向があると言えるでしょう。そしてこれこそ前述した「規模の経済」の行きつく先のような印象を受けます。

現実として財務の数字は、過去からのあらゆる動きが相互に、そして複雑に影響しつつ一つの勘定科目に流れ込んでくるものなので、その印象を一言かつ理論的に説明することはなかなか難しい。しかし、それでも言えることは、大学教育の事業特性からして、「学生数」という要素がいかに財務に直結するか、ということでしょう。

その一方で、かつて大きな教室に大量の学生を詰め込み、講義を行う大学の授業の様子を揶揄して「大教室のマスプロ教育」と呼んだ時期がありました。

今日でもその揶揄が通用するようなら、教研費比率や教育投資の充実度がこのような順位や数値になるはずはありません。考えられるのはおそらく、大規模大学ほど教研費比率が高く、それだけ受益者たる学生諸君や大学に対してコストを惜しまず、様々な形でしっかりリターンしている、ということなのかもしれません。

「経営者視点」で注目の2大学——東京理科、芝浦工業

あらためて「経営者視点」でどの大学に注目するか、ということを考えれば、図表19で格付けが高くなるような大学ということになります。そのことを踏まえつつ、著者が注目する大学として東京理科大学と芝浦工業大学をあげたいと思います。

第四章でも説明した通りですが、東京理科大学の教員研究者に対する評価制度は他大学に比べてかなり早く実施されています。１９７６年には勤務評価として「研究活動に基づく特別昇給の対象者選定」という人事制度が始まっています。さらに２００５年からは本格的な業務評価を導入するとともに、対象も専任以外の講師・助手にまで拡大。研究業績が昇給に

リンクする仕組みや教員に対する表彰も制度化しています。

教研費の増減をたどれば、２０１１年度には36・０％、２０１２年度38・１％とじわじわ上昇し、２０１５年度からの５年平均は40・４％にまで達しています。歴史と伝統を誇る名門理工系大学、かつ２０１９年５月時点で教員数７７４人からなる非常に大きな研究者集団であるにもかかわらず、しっかりと個人評価し、意欲付けする制度と組織文化を築き上げた。そのことが、この格付け「Ａ」の背景にあると言えそうです。

そしてここまで引用してきた雑誌メディアが選定した大学の中には入っていないながら、参考になる事例として芝浦工業大学があるでしょう。

大学ホームページの事業報告書から著者が教研費の過去10年間の推移を整理し、『大学四季報』（東洋経済新報社）の格付け基準に照らすと、教研費５年平均％が40・３％となり、格付け「Ａ」に該当すると思われます。

同大学は、工・システム理工・デザイン工・建築の４学部からなり、学生数は９０１６人、教員３０８人、職員１３４人という中規模の理工系大学です。以下、同大学が特集された『カレッジマネジメント２１２号、２０１８年９－10月号』（リクルート進学総研）の記事を基に、その強さを象徴する特徴を3点指摘したいと思います。

一つ目は競争的資金獲得、そこでの圧倒的強さです。

文部科学省選定のプログラムにも多く採択され、２０１８年現在で、私立大学総合支援事業では5年連続、全4テーマすべてに選定されています。これは全国私立大学の中で唯一の快挙になっています。２０１４年には理工系私立大学で唯一「スーパーグローバル大学創成支援事業（ＳＧＵ）」にも採択され、現時点まででも、その課題達成のスピードが注目されています。

二つ目がガバナンス改革と教員人事改革の徹底ぶりです。

法人組織はもちろん、大学組織だけでも、学長選任を選挙から委員会方式へ、副学長・学部長・研究科長の選任も学長指名・理事会承認へと改革しています。

これらの改革についての議論は、２０１５年に施行された学校教育法改正より先行し、２０１３年に始まったとされます。記事では学長自身「これらの一連のガバナンス改革で実行スピードが格段に上がった」と振り返っており、教員人事に関しても２００１年から、それまで72歳だった定年を段階的に65歳まで引き下げ、教員採用方法も大きく改善したといいます。

三つ目が、教員と職員の協働がうまく回り始めていることです。同大では2010年代に入って「教員に協力的な人がいる」「職員に優秀な人がいる」と教職員の間で相互理解が進んだことで強固な協力体制ができ、その成果として、文部科学省の競争的資金も「今では出せばおおむね通るようになった」そうです。そして、これが一つ目に述べた競争的資金獲得を支える力になっています。

その意味で、学内の情報公開と共有が大変に重視されているようで、財務情報（収支状況）も学校別だけでなく学部別にも公表されています。これは自ら大学の経営に携わった経験からいっても、非常に特徴的な取り組みと言えます。

なお同校には、これらとは別に、著者が注目する特徴がもう一つあります。それが財務指標です。

同大学の事業報告書2019年度の「主な財務指標」には、今後の方針として「本学では、日本私立学校振興・共済事業団が定める『定量的な経営判断指標にもとづく経営状態の区分』において正常値とされるA3区分以上を継続的に達成することを目標とし」と明記されています。なお、A1～D3までの13区分に分けて経営状態を見る、という方法はかなり専門的な手法です。それにもかかわらず、財務部門内だけでなく、正規の事業報告書でも言及している点については、法人全体の財務に対する真摯さを感じるようで、元銀行員としてとても驚かされました。

過去の夢を追ってはいけない

メディアの特集では対象から漏れた芝浦工業大学をここであえて取り上げて、詳しく説明した理由は二つあります。

一つは、総合大学ではなく理工系大学の同大がどういった方針で評価を高めてきたのか、ということ。二つめが、規模が大きいほうが格付けが高まる傾向にあるにもかかわらず、中規模大学がいかにして上位総合大学を上回る実績を挙げてきたのかという事例を、公開情報に基づいて説明するためです。

繰り返し述べていますが、メディアに取り上げられるような私大は例外を除き、学生数1万人以上の大規模大学ばかりです。そしてそれは第一章で述べた通り、学校数で全体の7％（学生数の40％）を占めるに留まります。

それにもかかわらず、財務指標においてはこれだけのバラツキが出ている。それ以下、

93％の校数を占める中小規模大学のうち3割程度ですでに定員割れが生じています。２０２１年以降の「学生が減り大学が余る」時代の本格化とともに、状況はより厳しくなっていくことでしょう。

こうして考えれば、やはり「大学を取り巻く世界はもうすっかり変わってしまった」のです。そしてマイケル・ポーターが言った通り、「過去の夢を追い続けてはならない」のであり、規模拡大が答えの一つとされた時代は、２０２１年ではっきり終わったと考えるべきでしょう。

もちろん、「変わってしまった」今からでもやれること、もしくはやらなければならないことは多く残されています。しかしそのあまりに大きな仕事をこの先々、はたして誰が担えばいいのか。著者はこう考えています。

第一に、過去の経験を頼りにしがちな70代の経営陣でなく、この先の20年、30年を見渡せるような独自のビジョンと高度のスキル、そして強い責任感を持つ若い世代へ早々に引き継ぐこと。

第二に、新経営陣はいたずらに外から探してくるのでなく、学内から探すこと。自前の人事評価制度を導入することで、学内から優秀な教員・職員を選び、しかるべき抜擢人事によって次世代経営層に育て上げていくべきです。

最後が、現在の多くの大学における教員人事制度を刷新すること。

たとえば、これまでの大学経営における賃金・定年・年功などにおいての後進性を認め、あらためて教員の個人実績評価制度や学生による授業評価に向き合う。そのようにして、現状から脱却することは、教員や職員の個人的モチベーションや成長の問題にとどまらず、すでに大学法人の存続を左右する前提的条件になりつつあるからです。

大学という事業体も一般の企業と同じく、その経営とは結局「何にカネを使うか」という「資源配分」の選択と集中、さらに言えば、その配分比率の最適化の問題へと行きつきます。著者自身、学生、社会人、教員、そして経営者として大学に携わってきた身として、最後にそのことをここでもう一度主張し、この章を締めたいと思います。

第五章のまとめ

❶経営者視点で大学を見る際、特に重要なのは教研費比率と人件費比率である

❷学納金の教研費と人件費への配分にこそ、大学側と教員団の姿勢が表れる

❸この10年で、大学経営陣の意識は弱気と強気の2極に分化してきている
❹教育投資の充実度を上げるには教職員の協働体制と意欲付けの制度が不可欠
❺財務の課題を理事（長）と学長、学部長らが計数で捉えて真摯に取り組むことが重要

第六章

「新・大学序列」はどうなる

少子化と公開情報で進む再編

50年以上も進展のなかった「大学改革」だが

いよいよこの本も最終章となりました。

ここまで繰り返し述べてきましたが、需給の逆転や大学の大衆化などで、個別の大学も、それらをグループにまとめて階層化した大学序列も、これから大きく変わらざるを得ません。そしてその業界再編の中でも生き残る大学であり続けるには、環境変化に適応できるだけの「改革」が不可欠になります。

ここで言う「改革」とは何か。『新明解国語辞典』（三省堂）の第7版によれば、「改革」とは「古くなった（不都合な）制度や機構を新しい時代に適応するものに改めること」とあります。

多くの国語辞典の中でこれほど核心を突いた説明は、ほかに見あたりません。なお、世にあるほとんどの辞書は、「改革とは改め（よいものに）かえること」と説明します。しかし『新明解国語辞典』に記された「改革」の意味に照らし、本書の文脈において「古くなった

（不都合な）制度や機構を」という対象と「新しい時代に適応するものに」という目的を定義することは、大学改革の本質論に関わります。

「大学改革」がこれほど何年にもわたって議論され繰り返し提言されながら、なぜ50年以上もそれほど進展しなかったのか。それはおそらく、その制度や機構が学内者の「３つの視点」、すなわち学生・教職員・経営陣から見て、その本音では従来どおりでさほど「不都合がなかった」ということかもしれません。

古くなった大学業界の制度や機構が「不都合だ」と、学内者を含め、世の中全体にはっきり意識されるためには、いくつかの要因が必要となります。

一つには「これから先、学生が減り大学と教職員が余る時代になる」、つまり「大学の数と教職員のポストが減っていく」という現実認識と危機感。もう一つ、次のステップとして、学内者にとっては今の大学運営のあり方が、学外者にとっては自分たちの大学選択が「不都合ではないか」という疑念です。

これらが揃うことで、人々は正しく判断するための客観的公開情報を、ますます強く求めるようになります。

そこで本章では最初に、過去の改革の足取りを、中教審の答申や文科省の動きを中心に追いかけます。さらにこの15年ほど前から特に目立っている、学内者に対する外部者からの直接的働きかけを振り返りつつ、大学の業界動向情報（なかでも「新・大学序列」）に関するネットメディアや雑誌メディアの急速なレベルアップについて考えていこうと思います。

加えて「はじめに」でも述べた通り、本書は一貫して「当事者視点」で大学をみてきました。その当事者にとって、この２０２１年というのは、きわめて記念すべき特別な年に当たります。と言うのも、ちょうど50年前（１９７１年）、30年前（１９９１年）にわが国の大学改革に向けた大変に大きな答申や政策決定がなされたからです。そしてその後、特にこの15年前からは、大学は学外からの改革要請の荒波にさらされ続けているのです。

そこで本章では年月の流れを軸に、半世紀以上にわたる「大学改革」の動きを時系列的に、そして丁寧に追いかけていこうと思います。

理事長や学長、幹部教員や理事メンバーなど、今日の大学運営を担っている当事者の多くは、50年前からの一連の流れを自ら体験し、対応に迫られたはずです。ですので、彼らの体験や視点を追うことで、学外者も若い読者も、当事者たちが求められてきた改革とはいったい何であったのかを理解することができるでしょうし、今足元で生まれつつある新しい大学序列をより深く理解できるようになるはずです。

50年前の「四六答申」

１９７１年６月の第22回中教審答申「今後における学校教育の総合的な拡充整備のための基本的施策について」（略称「四六答申」）は、18歳人口がピークを迎えた１９６８年に文部大臣より諮問されたものです。これは、激しい大学紛争の期間を含む４年間の審議を経てようやく出されています。

その「第３章　高等教育の改革に関する基本構想」は、その第１項目において「高等教育改革の中心的な課題」として、５つの矛盾する要請をしました。

①高等教育の大衆化と学術研究の高度化の要請
②高等教育の内容に対する専門化と総合化の要請
③教育・研究活動の特質とその効率的な管理の必要性（自発性と創意が尊重されるべき特質）
④高等教育機関の自主性の確保とその閉鎖性の排除の必要性（大学の自治vs国家行政）
⑤高等教育機関の自発性の尊重と国全体としての計画的な援助・調整の必要性（大学の自治

による自発的改革力vs学外からの改革要請と圧力）

以上の5点です（カッコ内は著者による補足）。

さらに「四六答申」はこれらの矛盾した要請に対して、13項目の改革案を提案しています。ここでは、本書に直接関連する7つの改革案を抜粋し、説明を付して記載します。

①大学の多様化、課程を3種（総合領域型／専門体系型／目的専修型）に類型化すること
②教育課程の改善、一般教育（教養）と専門教育の形式的区分を廃止し総合的な課程に
③新しい教育方法の導入、放送・VTR等の活用、少人数の演習・実験、応用能力の増進
⑤教育・研究の組織・機能の分離と連携、大学院・研究院の教育と研究の組織を区別編成
⑧教員人事制度の改革の見直し、教育の評価弱い・人事交流なく同種繁殖・身分保障過剰
⑩国の財政援助方式と受益者負担および奨学制度の改善
⑬大学入学者選抜制度の改善、高校の成績を選抜資料に・広域的共通テスト・論文面接も

あらためて説明すると、これは１９７１年に出された答申です。しかしこれをごく一部だけ今風の言葉に手直しして「２０２１年度の中教審答申」として発表しても案外誰も気づかず、ほぼそのまま通るのではないでしょうか。

なぜならこれら目標相互の矛盾対立の問題も、７項目の改革案もいずれも今現在、まさに現在進行形で議論されているテーマばかりだからです。決して単なる昔話でも、すでに決着のついた政策論争でもないのです。

つまり大学教育の事業内容および組織・制度に関しての矛盾やその解消方法については、すでに半世紀も前から、きわめて明快かつ、具体的に指摘され提案されていた。しかし今日も、後継の審議会や専門部会が同じテーマについて、欧米流の新しい小道具や用語を少しずつ加えながら、延々と同じ議論を続けざるを得ない状況にあったわけです。

そう考えれば、この50年間とは、ある意味、学問の自由と自発性の尊重（大学の自治）の壁に守られ、頑強に従来通りでいこうとする大学（学内者）側と、時代に適合しない不都合さを改革せよと迫る外部社会（学外者）側のせめぎ合い、とまでは言わないまでも、緊張感をはらんだ押し合いの歴史であったという印象を覚えてしまいます。

『大学とは何か』（吉見俊哉著、岩波新書）も、この「四六答申」のあとの70年代の大学関係者の議論の流れを、次のように厳しく総括しています。

「しかし、その後の議論は、大学の機能別種別化や管理運営機能の強化等、個別の大学や教員の地位に関わる部分に関心が集中し、教職員はもとより多くの大学本体からも答申の提案は強い反対を受けることになった。やがて『紛争』の嵐が過ぎ去ると、七〇年代半ば以降、日本の大学の多くは問題に蓋をして心地よき惰眠を貪ったのである」

30年前の「大綱化」

どうも専門家の間では、現在の大学教育事業のあり方については、1991年に文部大臣の諮問機関としての大学審議会が策定した「大学設置基準の大綱化案」から説明するのが一般的なようです。

そこではそれまでの画一的な法定基準を見直し、一般教育（general education）と専門科目の科目区分を廃止すること、そして各大学の建学の理念などから自主的な創意工夫によって、大学は4年間を通じて一般教育と専門教育を自由に組み合わせたカリキュラムを編成すべきことという二つが説かれました。これも『大学とは何か』に記されていますが、それによって、われわれ高齢者世代が経験してきた2年間の「教養課程」が撤廃され、その結果、大学全体の軸足が専門教育側にシフトしていき、「一般教育の実質的な空洞化をもたらすことになった」という訳です。

この1991年というのは18歳人口が第2のピークを迎える、1992年の前年に当たります。またこの年は団塊ジュニア世代が18歳を迎え、進学率が上昇した（親世代の10％台から25％へアップ）という背景もあって、規制緩和で急増した4年制大学への入学者が7年間急増し続けた期間です。まさに業界でいう所の「ゴールデンセブン」、うち史上2番目となる高いピークを目前に控えた時点での政策決定でした。

著者のような大学業界の新参者には当時の話は体験としてはよく分かりませんが、大学教授として実際に経験した問題としては「3つのポリシー策定」の議論がありました。これはどうやら2008年12月に出た「学士課程教育の構築に向けて」という中教審の答申、そのうち第2章「学士課程教育における方針の明確化」への指導がそもそもの発端だと聞きました。

ちなみにこの「3つのポリシー」とは、その答申のうち「学位授与の方針（ディプロマ・

ポリシー）」「教育課程編成・実施の方針（カリキュラム・ポリシー）」「入学者受け入れの方針（アドミッション・ポリシー）」だと思われます。大学審議会は、これを各大学がそれぞれの建学の理念や強み・特長をふまえて「自主的に策定し、対外的に公表せよ」といったのです。

著者が大学教員になった2010年ごろ、各大学がこの策定作業で苦労しているという話が各所より聞こえてきていました。各大学が嫌でもこれに従わざるを得ない理由は、7年ごとの国内認証（第三者機関による）でチェックされるからで、教授会が文科省の通達の趣旨に心底賛同して本気で取り組みを始めた、という印象はあまり受けませんでした。「自主的に」と言いつつ、対外公表を義務付け、しかも学外の第三者機関による認証チェックまで挟む。そんなところも、大学の内と外の「押し合い」の典型のように見えます。

さらに「3つのポリシー」とその柱としての「学位授与の方針（ディプロマ・ポリシー）」という言葉が中教審の答申のなかで明確に語られるようになったのはおそらく、2005年1月の「我が国の高等教育の将来像」（将来像答申）からだと思います。

注目すべきはこの答申においてすでに、以下の3点がはっきり指摘されていることです。

第一は「教育の質の保証」の仕組みとして、「認証機関による第三者評価のシステムを充実させるべきであること」。第二は「学部や大学院といった組織に着目した整理を」「学位を与える課程中心の考え方に再整理していく必要」があること。そして第三が、学習者の需要の多様化に対応して、「各大学は緩やかに機能別に分化していく」として機能・特色による7類型を例示したということ。

これはつまり、「四六答申」が改革案としてすでに指摘していた「3カテゴリーへの種別化」を、さらに「7類型に細分化する」ということをあらためてやったというわけです。

そしてこれらがはっきりと改革の方向性として明示されたのが、先に触れた2008年12月の中教審答申「学士課程教育の構築に向けて」です。この第2章（8〜37頁）では「3つのポリシー」のために、各大学と国が取り組むべき「具体的な改善方策」を、実に具体的かつ丁寧に指示しています。

16年前からの「改革提言」

このように、問われてきたのは一貫して「大学のガバナンスと教学（教育と研究）の改革」一言で言えばいわゆる「大学改革」であり、そのための基本方針と具体的施策です。50年前1971年の「四六答申」からか、30年前1991年の「設置基準の大綱化」からか、あるいは16年前2005年の「将来像答申」からかは別として、大学は文科省や中教審から今日までほとんど同じことを言われ続けてきました。

「2008年答申」の3年8ケ月後となる2012年8月、中教審答申「新たな未来を築くための大学教育の質的転換に向けて」（質的転換答申）では辛辣な批判をしています。すなわち、「学位を与える課程（プログラム）としての『学士課程教育』という概念が未定着である」と。これはもう、われわれ大学教員に対する初歩的欠陥の指摘ともとれる、まことに手厳しい評価だと言えるでしょう。

さらにその3年7ケ月後の2016年3月の「高大接続システム改革会議・最終報告」にはこう書かれています。

「各大学が（3つの方針の：著者注）一体的な策定を行い」

「学生が新たな時代の大学教育を受けられるようにする。また、そうした大学教育が行われるよう、大学認証評価制度を平成30年度に始まる次期認証評価期間に向けて改定する」

つまり自校のミッションとポジションをよく考えて、与える学位プログラムごとの「学士要件」を具体的に定義し、そのために「カリキュラム」を改革します。しかし、これはもう大学任せにできないので、２０１８年度以降の第３期認証評価では、第三者専門機関がその点を個別にチェックし厳しく指摘しますからね、ということでしょう。

もう一歩、この動きは教職員の「大学運営」の仕事ぶりの改善要求という所にまで広がってきました。すなわち２０１７年４月施行の「大学設置基準の改正」により、従来の第25条の３「授業の内容及び方法の改善を図るための組織的な研修」に加えて、「研修の機会等（第42条の３）新設」が加わったのです。

文言的には「大学は、当該大学の教育研究活動等の適切かつ効果的な運営を図るため、その職員に必要な知識及び技能を習得させ、並びにその能力及び資質を向上させるための研修（ＳＤ）の機会を設けることその他必要な取組を行うものとする」という義務規定です。

これは要するに「授業の内容・方法」の改善方法としては、教員だけの「ＦＤ」ではどうにも話にならないので、今後は職員も入って教員と一緒に「教育研究活動等の運営」のために「ＳＤ（スタッフ・ディベロップメント）」など「組織的な取組」までやらないとダメですよ、と言っているように聞こえます。

言葉は丁寧ですが、言っていることはやはり辛辣です。

「大学等がその使命を十全に果たすためには、（文科省高等教育局長通達、２０１６年３月31日・27文科高第１８６号）」、教職員の皆さんの「知識・技能・能力・資質」は現在のところまるで不足しているようなので、もう少しみんなで勉強してくださいね」ということでしょう。

２０１６年３月31日に「中教審大学分科会教育部会」が出した３つのポリシーの「策定及び運用に関するガイドライン」には、具体的にこう書かれています。

「近年多くの大学で三つのポリシーが策定されるようになっているが*、その内容については、抽象的で形式的な記述にとどまるもの、相互の関連性が意識されていないものも多いことなどが指摘されている」

「各大学において、教学を担う学長のリーダーシップの下で、本ガイドラインを積極的に活用しながら、個々の建学の精神や強み・特色などを踏まえ、三つのポリシーが適切に策定され、それらに沿った充実した大学教育が自主的・自律的に展開されることを期待する」

＊著者注：文部科学省の調査によると、２０１３年度時点で93〜96％が策定済み

「学外者」から見ると、「学内者」が作る何とでも取れそうな、抽象的できれいな言葉だけの「ポリシー」や「アクションプラン」なんか全くあてにできない。だから子供でも分かるくらいに、具体的で目に見える行動特性として目標を描写させる。しかもその結果を外部の第三者機関に認証評価させるところまでやらないと、大学という所はまともに動かない。

そういった不信感といらだちが、はっきりと文面に表れている文章です。実際のところ、この時期に普通レベルの中規模大学に勤める一教授、もしくは一役員であった著者の当事者視点からすれば、いつも外部者からそのように言われている感じがしたものです。

外部者から続く改革への圧力

これら文部科学省・中教審など教育行政機関そのものの政策提言や行政指導とは別に、この十数年来、大学の運営から教学の内容や方法にまで踏み込んで直接影響を与えようとする様々な改革支援、ないしは誘導の提案（言い換えれば圧力）が、学外から大学内部者に次々と押し寄せてくるようになりました。

学内の当事者として自分自身が経験したものや、特に印象に残ったものを時系列的にあげれば、次のようになります。

２００６年に経済産業省が「社会人基礎力」という「３つの能力と12の能力要素」からなる教育目標とその育成プログラムを提唱しました。

その2年後の２００８年には、中教審答申「学士課程教育の構築に向けて」に沿って、文部科学省が「学位授与方針」の参考指針として「学士力」という4つの判定基準（知識・理解、汎用的技能、態度・志向性、統合的な学習経験と創造的思考力）を提起しました。２０１０年に経営学部教授になったとき、これらの言葉がＦＤ会、教授会、就職セミナーなど学内の会合のたびに盛んに取り上げられ、新米教員として、随分とまどったものです。

２０１２年の中教審「質的転換答申」からはじまった「アクティブラーニング」（第四章で言及）という新しい授業方法の推奨はそれ以上に大きな影響力を持ち、大学だけでなく中学・高校、さらに小学校の教室にまで持ち込まれるようになりました。そしてこの議論は今日なお、盛んになりつつあります。

２０１３年から始まった競争的資金（補助金）による「私立大学等改革総合支援事業」は正面きって「大学改革」への金銭的支援を謳ったものです。各大学にとっては財務の生命線たる公的補助金獲得に直結することから、経営陣だけでなく幹部教員や担当職員も自校の現状を反省し、将来を構想する契機として、それなりにインパクトの大きいものでした。

具体的には「教育の質的転換」「産業界との連携」「他大学等との広域・分野連携」「グローバル化」という4テーマ（現在は5テーマ）ごとに、改革姿勢と施策を評価選定する取り組みですが、第五章の「芝浦工業大学」といった文科省が期待するロールモデルを具体化した点でそれなりの効果があったと思われます。

2017年の「SDの義務化」、2018年からの第三者機関による「国内認証第3期からの運用強化」などについては、それぞれ学内担当責任者や学外の専門家による勉強会等があった程度で、その効果はむしろこれからの話でしょう。

2018年には、自由民主党教育再生実行本部高等教育改革部会から「第10次提言」（5月17日）が出て、さらに日本経済団体連合会（経団連）から「今後のわが国の大学改革のあり方に関する提言」（6月19日）が出ています。同じ2018年には経済同友会が「私立大学の撤退・再編に関する意見」（6月1日）を公表しています。この経済同友会は2012年に「私立大学におけるガバナンス改革―高等教育の質の向上を目指して―」という提言も発表していて、当時教員連中との雑談でずいぶん話題になりました。

このように、自分が学内当事者だったわずか十数年の「外からの動き」だけを見ても、まさに外部者である「政官財」の世界を突き動かし、これにマスコミや大学コンサルタント会社からの声が加わり、社会問題化していく感じがありました。特に２０１８年の段階に至ると、大学改革を巡る学内と学外の押し合いは、誰しも「もうここまで学外者に押しこまれて来たか」という感想を覚えるはずです。

「全国学生調査60万人ネットアンケート」の意味と今後

いずれにせよこれから先、各大学・各学部別の「学生授業満足度」や「教員への評価」に対する様々な学生の生の声が、テレビ・新聞・インターネットのニュースや特集報道などを通じて、誰もがいつでも自由に活用できて比較できる、まさに「公開情報」になるでしょう。これは大学業界における「潮目の変化」を宣言するビッグニュースです。

そしてそれ以上に、著者自身はこの動きを「大学改革」と「新・大学序列」の再編をめぐる「大学・学内者」対「社会・学外者」の押し合いの最終形に、かなり近いものと考えています。

以下、新聞記事より引用しますが、『日本経済新聞』（２０１９年6月17日朝刊）は「大学

3年・授業の本音は」「文科省60万人にネット調査へ」「大学・学部名を公表」「教育改革の一助に」という見出しをつけて、次のような報道をしています。

「大学生の学習の実態をつかむため、文部科学省は2020年度にも、大学3年生の全員（約60万人）を対象としたインターネット調査を始める。勉強時間や授業の『役立ち感』などを聞き、大学・学部名が分かる形で結果を公表する。大学教育の状況を学生目線で『見える化』することで教育改革の機運を高め、政策立案や高校生の大学選びに役立てるのが狙いだ」

新聞記事の説明では、全部で35問の設問のうち、授業に関する質問では「理解がしやすいように教え方が工夫されていた」「グループワークや討論の機会があった」など、学内の「授業アンケート」とかなり重なる質問群があること、さらに「専門分野の知識」「論理的文章を書く力」「多様な人々と協働する力」などを身に付けるのに、大学教育が役立っているか、といったアンケートを学生に4段階で評価してもらう、との旨が記されていました。

もちろんこの施策の目的は「3年生全員に」「ネット（スマホ）で」といった方法以上に、

「大学・学部名を公表」して「高校生の大学選びに役立てる」という点にあります。

つまりこの結果公表には大学の募集力・志願者数の増減に直結する可能性を強調して、大学業界間に強制的にオープンな競争を促進させるという意図、そしてそれ以上に、これを文科省自身の手で強力な他校比較の正規の大学ランキングの「公開情報」に育て上げようという意図が、著者には強く感じられます。

これに対しては予想通り、主に大学教員側から反対の声が起こっています。

曰く「結果が予算配分や大学の選別に使われる恐れがある」「雑な方法の調査結果が独り歩きする」など。

『大学改革の迷走』（佐藤郁哉著、ちくま新書）などでも、次の3点から、大学現場に計り知れないほど大きな混乱をもたらすだろうと警鐘を鳴らしています。その3点とは、

- 専門家による本格的な検討がなされたとは考えにくい面がある
- 他の調査との相互検証の発想が稀薄である
- 結果の公表のされ方によっては、大きな誤解を招きかねない

です。

なお現時点で、有識者会議では、「今後の方向性」を「本格実施では大学・学部単位での調査結果を公表すること、その際、結果の数値の羅列だけでなく、本調査の結果の見方等と併せて、結果に関する各大学の取組を記載することにより、大学・学部間での順位付けではなく、各大学の強み・特色の発信につながるよう特段の工夫を行うこととする」としています。さらに、「どのように公表を進めるかは、今後の試行実施の結果も踏まえて検討が必要」とし、各大学からの結果公表の希望があれば「自大学の調査結果の自主的な公表を認めることとする」としています（2021年2月17日第4回有識者会議・資料2より）。

国公私立のトップブランド大学ならいざ知らず、中位以下の「普通の大学」にとって2021年という年は、もう「大学の選別に使われる恐れがあるから」などと言い訳をして逃げられるようなタイミングではありません。すでに現実として、受験情報、大学広報、マスコミ報道、SNS、世間の評判など、あらゆる情報媒体が、現実として大学の選別に使われはじめているのです。

「60万人ネット調査」の公表方法に関しては、さらに議論が紛糾しそうですが、私見としては、先述した『日本経済新聞』（2019年6月17日朝刊）に掲載されていた「（反対もあるが）学生目線で大学教育を変えて行く一助になるので、ぜひ実行したい」とする、文科省高等教育政策室の声を支持するものです。

そういう中でこの文科省の新しい取組は、方法論的・調査技術的に見ていくつかの疑問はあれ、学生自身の直接的な生の声を、個々の大学とその教員たちに「公開情報」として突き付けるものとして、やる価値は大きいと思います。それは導入による当初の混乱リスクより、学生の声を意識的に無視しようとする学内、教員団の風潮を打破するメリットの方が、はるかに勝るような気がするからです。

「個別の大学名・学部名はあくまで非公表にするべき」と抵抗する大学や教員・有識者が相当数出てくるでしょうが、しかし時代の大きな流れはすでに決まっています。多少の時間や紆余曲折はあれ、いずれは全大学名・全学部名が公表されるようになるでしょう。

一般の「就職率（文科省方式）」しか公表せず、「実就職率」はどんな場においても絶対に公表しない大学が、第三章でも触れた通り、受験界ではもうすでに「実就職率が低い（悪い）大学」と見なされつつあるように、「公開情報」に自校のデータを公表しようとしない大学は2021年以降、もはや存続できないはずです。

大学業界を動かす「学生減少」と「大学情報」

以上を背景に、この半世紀、それほど変動のなかった大学業界とその序列構造がいよいよ動き始めます。それは2つの時代変化がぶつかったことで生じる、大きな社会的変動でもあります。

その一つは学生が減り、大学と教職員が余る、すなわち大学業界の需給の逆転がいよいよ現実に起こること。もう一つは、ITによる社会全層における情報行動の変化・高度化の大きな動きです。

本書が主張する「新・大学序列」への再編は、この2つの変化がぶつかり、激しい反応を起こすことではじめて現実となります。

業界全体と個別大学の情報を監督官庁が独占し、各大学も自校に不利な情報は表に出さず非公開で通せた時代には、重要評価項目に関する大学間比較や大学ランキングの公開など考えられませんでした。

一方、仮にその情報面の条件が整ったとしても、学生が減り大学と教職員が目に見えて余ってくるという避けがたい時代環境への認識が、今一つの条件として必要です。
つまりそれに対して高校生・保護者・高校や塾の教員ら受験生側と教員・職員・経営陣ら大学側が不安や危機感（すなわち切実な「不都合」）を感じはじめなければ、今日のような週刊誌メディアやネット報道における大学情報特集のレベルアップへのニーズもなかったでしょう。

ＩＴによる情報行動について、特にこの十数年の変化を考えてみると、まず情報提供者側の驚くべき情報能力のレベルアップが果たされました。

たとえば、ビジネス系有力週刊誌が毎年「大学特集」で掲載する大学ランキング情報を考えてみても、その扱うテーマの幅・対象期間の長さ・分析の切り口・内容の深さなど、各メディアがお互いに競い合うようにデータの精度と比較内容のレベルを引き上げてきていることがはっきりわかります。

その第一の要因は、大学業界全体と個別大学から収集される情報の質量両面での飛躍的な充実にあります。かつてはそこまで行き届かなかった詳細な個別情報が、データとして集められ、利用可能になりました。統一報告（学校基本調査）などを超える個別データについては、マスコミ各社の詳細な照会に対する回答として、各大学が相当の事務体力を使って情報提供に協力することで支えられています。これもまさに時代の流れだということでしょう。

第二の要因は、それら膨れ上がったデータを短時間で利用可能にする、情報提供者側の情報処理能力の向上です。こちらはまさにＩＴの進化がもたらした威力です。

さらに第三の要因として大きいのは、情報提供者の鋭い感覚と啓蒙的姿勢、そしてあくなきサービス精神です。業界環境や大学序列の変動を早く正しく見きわめようとする読者・受験者側の切実なニーズを的確に捉え、さらにそのデータや序列変動の意味、さらに読み解き方まで親切に解説する雑誌メディアやネットメディアがどんどん増えてきています。

第三章で紹介しましたが、主だった約１８０大学、１１００以上の学部の偏差値を35年間、5年ごとの数値変動を一覧表にした特集記事を初めて見た時「ここまでできるのか」と、大変驚いた記憶があります。それが２０１０年代の半ばですが、そこからわずか5、6年で、各誌の大学特集の情報レベルは、また目に見えて上昇しました。

本書の第四章の「科研費の10年間上昇率ランキング」、第五章の「教研費の5年平均%ランキング」などは、まだ上位校限定のリストとはいえ、読者のためによく考えられた分析情報になっていることは、すでに述べた通りです。さらに「実志願者数と総（延べ）志願者数」「就職率（文科省型）と実就職率」「（年間）退学率と4年間退学率」なども同じです。つまり大学が発表する従来型の学内データを、マスコミ各社が読者の立場でより立体的かつ分析的なものにするため、２種類の数字で情報提供してきているのです。これも読者目線に立った素晴らしい貢献と感じます。

情報の利用者側についても、特に最近はその感度の高さに驚かされます。

たとえば２０１９年度入試では、日本大学がその前年のアメリカンフットボール部で起きた、いわゆる「反則タックル問題」の影響か、前年比1万人以上も志願者が減少していました し、２０２０年度入試では「滝川クリステルさんとの結婚や初入閣で話題の小泉進次郎氏の母校、関東学院大学が志願者数で大躍進を遂げた」（『週刊朝日　２０２０年5月8・15日合併号』）と報道されるなど、この手の話題は枚挙にいとまがありません。

そしてこういったニュースが受験界にまで影響し、志願者数に連動するような時代になった事実には、つくづく考えさせられます。

大学事業の基本コンセプトは、ブランド価値と立地・設備装置の魅力で成り立つ来店（入学）誘導型の人気商売です。人気商売ということは、逆に言えば、その人気やブランドが傾いた時、一気に経営危機に落ち込む可能性があるということです。

かつて平成不況の頃、「風説リスク」という言葉が各所からよく聞こえてきました。客商売は勢いがつくのも早いが、悪い噂がいったん立つと「あそこは危ないらしい」とみんなが手を引き始める。それで、結果として単なる噂や臆測があっという間に現実の資金ショートにつながるという怖さを、銀行員時代にいくつも見てきたものです。

大学業界の公開情報はすでに、提供者・利用者・両サイドの能力アップによって、そのように、ホットかつ高度な状況を迎えつつあります。

いずれにせよ、利用者・学生側の視点はますます、対象とする複数の大学間相互を比較できるランキング情報と、さらにそれが「伸びる大学」か「淘汰される大学」か、その「予想」から「答え」まで公開情報に求めるようになります。ですから週刊誌メディアなどによる「大学序列特集」や、ネットメディアによる個別の大学情報は、今後ますますレベルアップされていくでしょう。

こう考えてくると、現在本格実施に向けて議論が進んでいる、大学3年生全員、約60万人へのネット調査（正式名「文部科学省・全国学生調査」）とは、実は歴史的な転換点と言えそうな、大きな意味を持つように思えます。すなわちこの調査結果の「公開情報」自体が、個々の大学を、経営管理と教育・研究の改革に向けて突き動かす、そんな強い力になり得るのではないかということです。

全大学が統一して実施・回収するかつてない大規模かつ広範囲な学生調査のデータにより、受験生も求職者（大学への）も、さらに社会全体の採用企業側も、個別大学・学部の「学生の生の声」を客観的な情報として比較分析できるようになる。そうなれば、おそらく雑誌メディアも大学コンサルタントもこぞって、その結果の比較分析に基づく様々なランキング情報を「新・大学序列」として大々的に公開し始めるでしょう。

このことは一部の大学には大変不都合な状況かもしれません。しかしそれに対して各大学がどう動くのか。改革か淘汰か、いずれの道を辿るか。その選択はまさに「大学の自治と自発性」に委ねられることになるはずです。

日本の大学業界は、文部科学省らより指導や監督を受ける時代から、高校・学習塾などの高校生・保護者向け進学先個別相談の時代を経て、雑誌メディアやネットなどの公開情報が中心を担う時代へと軸足を移しつつあります。

つまり公開された情報そのものが、個々の大学の改革の動きと、大学序列の変動・淘汰を含む業界再編全体をダイナミックにリードする。そんな時代に突入しているのです。

第六章のまとめ

❶50年前から大学改革の問題点と対策案はすでに詳細かつ具体的に指摘されていた
❷30年前から学士課程のあり方と科目編成は各大学の特長と創意に任されてきた
❸16年前から学内者に対する外部者の改革要求が踏み込んだ形で表れはじめた
❹数年前から業界動向の公開情報が提供者側・利用者側双方でレベルアップしてきた
❺２０２１年から文科省を含む社会全体が公開情報で業界再編をリードしていくだろう

「公開情報」および「参照・参考文献」の一覧表（本書掲載分）

●基礎データとして

『大学ランキング』（朝日新聞出版）１９９５年版から２０２１年版まで26年分。詳細な項目別ランキングを掲載、毎年4月に刊行、基本データとして。

『週刊東洋経済臨時増刊　本当に強い大学・大学四季報』（東洋経済新報社）毎年6月頃出版、大学法人決算データほか経営状態・学生教職員数などの基本情報を網羅。

『マナビジョン』（ベネッセ・コーポレーション）全大学・学部別偏差値B判定値・毎年「進研統一模試6月分」を掲載。＊『週刊ダイヤモンド』のデータも適所で活用した。

『科学研究費補助金・研究機関別・各年度実績表』（日本学術振興会）科研費実績（配分額・間接費・新規採択件数など、全大学分を掲載している。

『親子で探す　就職力で選ぶ大学』（朝日新聞出版）「実就職率ランキング」を掲載。その他、規模別・学部別・業種別のランキングデータを掲載している。

『進学ブランド力調査２０２０』（リクルート進学総研）同調査より「高校生に聞いたランキング」の２００８年より毎年調査実施分から。

『文部科学統計要覧（令和２年版）』（文部科学省）学校教育総括・大学（校数・学生数・教職員数・国公私立別）の情報など。

●調査研究報告として

『研究者等の業績に関する評価に関する調査・分析報告書　平成26年度』（文部科学省委託調査・三菱総合研究所）２０１５年3月

『「学校法人の経営改善方策に関するアンケート」報告』（日本私立学校振興・共済事業団）２０１９年3月分より私学経営情報など。

『ひらく　日本の大学』（朝日新聞・河合塾）２０１７年度から２０２０年度まで。毎年公表されるものだが、ゼミ卒論の有無や退学率に関するアンケート調査など、有益な情報が多いのがその特徴。

『カレッジマネジメント２１１号（２０１８・7－8）、２１２号（２０１８・９－10）』（リクルート進学総研）

『２００６年・第４回学習基本調査』（ベネッセ教育総合研究所）

『２０１５年・第５回学習基本調査』（ベネッセ教育総合研究所）

『平成25年度全国学力・学習状況調査（きめ細かい調査）の結果を活用した学力に影響を与える要因分析に関する調査研究』（お茶の水女子大学）

●雑誌

『週刊ダイヤモンド』（ダイヤモンド社）２０１６年9月24日号、２０１７年9月16日号、２０１９

年9月7日号、2020年3月14日号、2020年8月8・15日合併特大号など。

『週刊東洋経済』（東洋経済新報社）2019年12月21日号、2020年5月30日号、2020年5月25日臨時増刊「本当に強い大学2020・大学四季報」など。

『週刊エコノミスト』（毎日新聞出版）2019年12月3日号など。

『日経トレンディ別冊』（日経BP社）2020年3月6日号「下剋上　大学ランキング101」など。

『週刊朝日』（朝日新聞出版）2020年5月8・15日合併号など。

●文献

新井紀子（2018）『AI vs. 教科書が読めない子どもたち』（東洋経済新報社）

小川洋（2017）『消えゆく「限界大学」――私立大学定員割れの構造』（白水社）

ホセ・オルテガ・イ・ガセット（1991）『大衆の反逆』（桑名一博訳、白水社）

ホセ・オルテガ・イ・ガセット（1968）『大学の使命』（井上正訳、桂書房）

川村稲造（2009）『企業再生プロセスの研究』（白桃書房）

川村稲造（2013）『仕事のコミュニケーション論――人間関係の基本と自信を身につける』（白桃書房）

川村稲造（2014）『仕事の決断プロセス――デキル人ほど陥る「6つの落とし穴」』（白桃書房）

坂井東洋男（2016）『私学経営No.498』より「追手門学院大学ガバナンス改革の軌跡」（私学

経営研究会）
世耕石弘（2017）『近大革命』（産経新聞出版）
小倉昌男（1999）『小倉昌男　経営学』（日経BP社）
佐藤郁哉（2019）『大学改革の迷走』（ちくま新書）
寺崎昌男（1999）『大学教育の創造──歴史・システム・カリキュラム』（東信堂）
マーチン・トロウ（1979）『高学歴社会の大学ーエリートからマスへー』（天野郁夫、喜多村和之訳、東京大学出版会）
エドワード・T・ホール（1993）『文化を超えて』（岩田慶治、谷泰訳、TBSブリタニカ）
マイケル・ポーター（1995）『新訂　競争の戦略』（土岐坤、中辻萬治、服部照夫訳、ダイヤモンド社）
吉見俊哉（2011）『大学とは何か』（岩波新書）

図表作成・本文ＤＴＰ／市川真樹子

ラクレとは…la clef=フランス語で「鍵」の意味です。
情報が氾濫するいま、時代を読み解き指針を示す
「知識の鍵」を提供します。

中公新書ラクレ
734

新《しん》・大《だい》学《がく》序《じょ》列《れつ》

なぜ関《かん》関《かん》同《どう》立《りつ》・産《さん》近《きん》甲《こう》龍《りゅう》の学《がく》生《せい》数《すう》は急《きゅう》増《ぞう》したのか

2021年 7 月10日発行

著者……川村稲造《かわむらいなぞう》

発行者……松田陽三
発行所……中央公論新社
〒100-8152 東京都千代田区大手町 1-7-1
電話……販売 03-5299-1730　編集 03-5299-1870
URL http://www.chuko.co.jp/

本文印刷……三晃印刷
カバー印刷……大熊整美堂
製本……小泉製本

Printed in Japan　ISBN978-4-12-150734-1　C1237